本书中文版是国家自然科学基金面上项目"基于设计的工程学习作用机理及其学习有效性研究"（项目编号：72074191）、教育部新工科研究与实践项目"学习科学视域下我国新工科人才学习质量提升路径的探索与实践"（项目编号：E-GCJYZL20200812）和浙江省自然科学基金"基于实践共同体的工程学习作用机理及其干预策略研究"（项目编号：LZ22G030004）的阶段性研究成果。

工程教育经典译丛

The GLOBAL STATE OF
THE ART IN ENGINEERING
EDUCATION

全球工程教育
情景扫描与未来展望

〔美〕露丝·格雷厄姆（Ruth Graham） / 主编
张　炜　庄逸雪　陈　洁 / 译

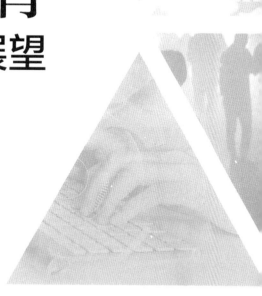

ZHEJIANG UNIVERSITY PRESS
浙江大学出版社

图书在版编目（ＣＩＰ）数据

全球工程教育情景扫描与未来展望 ／（美）露丝·格
雷厄姆（Ruth Graham）主编；张炜，庄逸雪，陈洁译
. — 杭州：浙江大学出版社，2021.12
书名原文：The Global State of the Art in
Engineering Education
ISBN 978-7-308-20670-9

Ⅰ.①全… Ⅱ.①露… ②张… ③庄… ④陈… Ⅲ.
①工科(教育)－高等教育－教育研究－世界 Ⅳ.
①G649.21

中国版本图书馆CIP数据核字(2020)第219776号

浙江省版权局著作权合同登记图字：11-2021-201

The Global State of the Art in Engineering Education (ISBN-13: 9780692089200)
By Dr. Ruth Graham, first published by Massachusetts Institute of Technology, Cambridge, U.S.A.

全球工程教育情景扫描与未来展望

[美]露丝·格雷厄姆（Ruth Graham） 主编

张炜 庄逸雪 陈洁 译

责任编辑	郑成业
责任校对	高士吟
封面设计	春天书装
出版发行	浙江大学出版社
	（杭州市天目山路148号 邮政编码 310007）
	（网址：http://www.zjupress.com）
排　版	杭州林智广告有限公司
印　刷	广东虎彩云印刷有限公司绍兴分公司
开　本	710mm×1000mm 1/16
印　张	11.75
字　数	191千
版 印 次	2021年12月第1版 2021年12月第1次印刷
书　号	ISBN 978-7-308-20670-9
定　价	39.00元

译者序

2017年8月，美国麻省理工学院（MIT）在"引领未来发展、塑造认知思维"的理念指导之下提出了"新工程教育转型"（New Engineering Education Transformation，NEET）计划（2017—2020年），旨在引导工程科技人才培养方式由"以学科为中心"向"以项目为中心"的工程范式转变，以培养学生解决复杂工程问题的思维方式和职业能力。MIT的NEET项目工作组委托露丝·格雷厄姆博士（Dr. Ruth Graham）对全球工程教育现状进行了全面情景扫描以作为该计划的前期论证性工作。2016—2017年，格雷厄姆博士团队通过文献分析、结构化访谈、现场调研等多种方式，翔实收集了若干欧美发达国家和新兴经济体国家高等工程教育改革的最新资料，对全球一流工程教育改革计划的目标愿景、发展现状、面临挑战以及未来趋势进行了详细阐述，并最终形成了《全球工程教育情景扫描与未来展望》战略咨询报告。该报告于2018年初发布，在全球高等工程教育界引起广泛关注并获得了良好的学术声誉。欧林工学院校长理查德·K. 米勒（Richard K. Miller）教授指出"该研究报告清晰地呈现了全球一流工程教育改革计划的最佳实践和变革流程，有效促进了工程教育界的相互学习及借鉴"。

2018年9月，浙江大学中国科教战略研究院工程教育研究小组赴丹麦哥本哈根技术大学参加了第46届欧洲工程教育协会学术年会。在这次学术会议上，张炜教授与格雷厄姆博士初步达成了翻译出版《全球工程教育情景扫描与未来展望》中文版的合作意向，经过多次沟通和协商，于2019年10月获得了美国麻省理工学院NEET项目组的授权。本书的翻译出版是团队合作的成果，是集体智慧的结晶。作为中国高等教育学会工程教育专业委员会的秘书处单位，浙江大学中国科教战略研究院长期专注于全球工程教育改革与前沿进展。本报告中文版的发行，旨在向更多的中国高等工程教育专家学者、教学管理人员、一线工科教师和学生传播全球一流工程教育变革理念，以期推动构建新时代的中国特色高等工程教育体系。

世界在加速改变，全球高等工程教育体系正在迎来从微观改革到范式变革的新阶段。2018年3月，教育部发布了《关于公布首批"新工科"研究与实践项目的通知》，认定了612个项目为首批"新工科"研究与实践项目，正式开启了我国"新工科"教育改革计划。"新工科"建设是我国高等工程教育主动应对新一轮科技革命与产业变革的战略性行动，其战略目标是深化教育教学模式改革，探索"新工科"建设的新理念、新标准、新模式、新方法、新技术和新文化，实现从学科导向转向产业需求导向，从专业分割转向跨界交叉融合，从适应社会服务转向科技支撑引领。本研究报告中所总结的全球现有工程教育领导者和新兴工程教育领导者的最佳实践经验，将从制度文化、组织结构、课程设置、学习方式、职业能力发展等多维视角对我国工程教育改革和"新工科"建设再深化提供系统性借鉴。

张炜

2021年12月

前　言

麻省理工学院（MIT）的新工程教育转型（NEET）计划是一次在全校范围内实施的世界一流本科工程教育计划。为推动NEET计划的开展，本研究对全球一流本科工程教育的发展现状进行了考察。

研究的开展包括两个阶段，每个阶段的证据收集均以一对一访谈法为主。

第一阶段（2016年9—11月）：该阶段给出了全球工程教育前沿的概况，并对未来可能出现的发展趋势进行了水平扫描（horizon-scanning）。通过对全球50位工程教育思想领袖的访谈分析，本研究确定了工程教育领域名校的现任领导者和新兴领导者。

第二阶段（2017年3—11月）：该阶段从第一阶段确定的工程教育"新兴领导者"中，选出四所院校进行了案例研究。这四所院校分别是新加坡科技与设计大学（新加坡）、伦敦大学学院（英国）、查尔斯特大学（澳大利亚）和代尔夫特理工大学（荷兰）。

本研究在两个阶段共对178人进行了访谈，这些受访者对全球领先的工程课程计划有着深入的了解和丰富的经验。基于此，他们对工程教育的发展现状及该领域所面临的机遇和限制，进行了丰富多样的描绘。

研究报告回答了五个关键问题，现将前四个关键问题概述如下。

1. **哪些院校被确定为工程教育领域的"现任领导者"？** 在第一阶段的访谈中，大多数思想领袖在列举工程教育的"现任领导者"时，都同时提到了欧林工学院和麻省理工学院这两所院校。此外，他们还提到了斯坦福大学、奥尔堡大学和代尔夫特理工大学等名校。众多受访者指出，工程教育领域正在进入一个快速变革的时期，因此，他们预计在未来若干年里，工程教育的全球领导格局将会出现巨大的变化。

2. **哪些院校被确定为工程教育领域的"新兴领导者"？** 第一阶段中受访的思想领袖始终将多个院校列为全球工程教育的"新兴领导者"，包括新加坡科技与设计大学、美国欧林工学院、英国伦敦大学学院、智利天主教大学和美国明尼苏达州立大学曼卡托分校（铁矿工程项目）等。

3. **工程教育领域的"现任领导者"和"新兴领导者"之间存在哪些差异性特征？** 被确定为工程教育"现任领导者"的院校，往往是美国和欧洲历史悠久、具有大规模学生体量的研究型大学。这些学校拥有突出的优秀教育实践，包括用户中心化的设计、技术导向型的创业精神、主动的项目式学习和对工程"基础知识"的严格要求。

"新兴领导者"群体代表了新一代的工程课程计划。这些院校大多数是从无到有、新建而成的，或者多为教育系统性改革的产物，受到特定的地方需求和制约的影响。"新兴领导者"有着显著的教育特色，包括工作本位学习、多学科课程计划以及工程设计和学生自省的并重。案例研究评估表明，"新兴领导者"的课程计划均受益于学校强有力且具预见性的学术引导、教师群体的教育创新文化以及用于教育探索与学生评价的新工具的支持。

4. **未来的哪些重大挑战可能会制约工程教育的发展？** 研究提出了持续制约全球工程教育进行积极变革的一系列阻力，包括政府与高等教育目标的统一、将学生为中心的主动式学习向大规模学生群体普及所带来的挑战、大批工程学院固化单一的学科结构体系以及倾向于对教学业绩不作任何奖励的教师聘任和晋升体系。

研究报告中提到的最后一个问题是"工程教育领域未来的发展方向是什么"。基于前期两个阶段工作所获取的证据资料，本研究采用了水平扫描方法，对工程教育领域的未来发展趋势和今后几十年一流工程课程计划的概况进行了预测。预测结果指出了三个明确的趋势：

第一个预期趋势是全球工程教育领导力的分布轴线将出现位移偏向。 研究证据表明，全球一流工程课程计划的重心正在由北向南、由高收入国家向亚洲和南美洲的新兴经济"强国"转移。这些新一代的全球工程教育领导者中，将会有许多院校在政府对工程教育战略性投资的驱动下，成为推动国家经济增长的技术型创业人才孵化器。

第二个预期趋势是将发展建设具有社会价值意义和面向外部需求的工程课程。 这种课程重视学生选择、多学科学习和社会影响力，并与学生在课堂外、在传统工程学科外及其在世界各地的广泛体验相结合。虽然已经有许多这样的教育特征存在于"现任领导者"院校的工程课程计划中，但它们通常属于"附加活动"，并未与课程相融合。由于这些外部体验没有与课程的其他内容相联系，也没有鼓励学生去思考和应用他们在学位课程计划中其他领域里所学到的知识，因此，这些体验的许多益处依然没有得到开发。与"现任领导者"相比，许多被确定为工程教育"新兴领导者"的院校通常采用综合与统一并行的教育方式，提供特色鲜明、以学生为中心的课程体验。在大多数情况下，这些院校的课程都是全新设计的，或者是工程教育新近系统性改革的成果。这类课程计划嵌入了工作本位的学习和具有社会价值的设计项目等体验内容，给学生的自省提供了有力的平台，也给学生情景化理解和应用从课程其他方面所学到的知识和技能提供了途径。然而，许多像欧林工学院和明尼苏达州立大学曼卡托分校（铁矿工程项目）这样的"新兴领导者"代表，只面向相对小规模的学生群体。因此，将上述特征进行整合并大规模地贯穿于各门课程的机制建设中（即在有限的预算条件下，向大规模学生群体开放这种课程），可能会成为开启工程教育新篇章最重要的创新性改革。用一位思想领袖的话来说：

"工程教育演进到下一个阶段，需要我们想出对策，解决'如何大规模提供这种高质量教育'的问题。"

因而，工程教育领域的第三个预期趋势是新一代工程教育领导者的出现，这些院校能够大规模地提供以学生为中心的综合课程。第二阶段的案例研究提到有许多院校已经建立了一种课程模式，通过设计项目的紧密衔接，实现课程的连贯和整合。例如，新加坡科技与设计大学的课程依托多学科的设计项目开展，这些项目将情境化理解和整合式学习贯穿于各门课程和各个学年中。另一个例子是伦敦大学学院工程学院，该学院前两年的课程学习以五周为一周期，即学生们花四周时间学习一系列的知识和技能，然后在为期一周的集中设计项目中，将这些知识和技能进行情境化理解和应用。受访者还认为，从长远来看，一些世界一流的工程课程计划将通过校外个性化在线学习与校内实践体验式学习的融合，越来越多地向大规模的学生群体提供以学生为中心的学习：

"工程教育领域的未来，就是把学生摆在中心位置，运用各种资源促进提升团队项目的开展和学生的真实体验，然后使所教授的课程能够被在线获取。"

许多院校已经开始推行这种教育模式，在这方面最值得关注的是澳大利亚的查尔斯特大学工程学院。这所学院新建立的五年半课程计划，融合了为期18个月的校内教育和四年的校外学习，前者主要由一系列项目式的挑战性任务构成，后者则为工作本位的学习。在课程计划中，几乎所有的"技术工程内容"（包括知识和技能）都是在线提供的，学生可以根据需要自行访问。受访者认为这个课程计划"对如何开展工程教育的问题进行了彻底的反思"，如果他们能够实现这一目标，将会对工程教育"产生非常大的影响"。

致　谢

这份报告是在麻省理工学院的委托和经费资助下撰写的。特别感谢世界各地的学生、教师、大学管理者、行业合作伙伴、学术带头人、教学专家、教育研究人员、毕业生雇主和国家的政府代表，他们无私地奉献了自己的时间，并慷慨地分享了自身经验、知识与专业技能。

目　录

第1章
研究简介

第1章简要介绍了本研究的整体情况，其中，研究内容致力于明确和探索全球一流工程教育的发展现状，研究方法主要为与工程教育领域的全球思想领袖进行访谈，并对四个工程教育的"新兴领导者"开展了深入的案例研究。

第1章的最后部分对整个报告的结构和重点进行了总结。

1.1 研究内容

2016年6月，麻省理工学院启动了新工程教育转型（NEET）计划，旨在为该校开发并实施世界一流的本科生工程教育课程计划。基于麻省理工学院的既有教育优势，NEET计划回应了各界重点关注工程教育中"新型机构和系统"的需求。

NEET计划的愿景建立在三大支柱之上：

·教育方式：以设计的综合与创新为基础；

·教育实施：综合了有效、合理的现代教学方法，以灵活的课程为载体；

·教育结构：反映了21世纪的工程所面临的挑战。

为推进这项改革计划，麻省理工学院委托露丝·格雷厄姆博士执行了一项有关全球一流本科工程教育发展现状的标杆研究，该研究提出了五个至关重要的问题：

1. 哪些院校被认为是全球工程教育的"现任领导者"？

2. 哪些院校被认为是全球工程教育的"新兴领导者"？

3. 全球工程教育的"现任领导者"和"新兴领导者"之间的差异性特征是什么？

4. 未来的哪些重大挑战可能会制约全球工程教育的发展？

5. 全球工程教育领域未来的发展方向是什么？

这项研究为麻省理工学院正在进行的课程创新和改革提供了支持，同时该研究旨在对全球工程教育界产生影响并助力世界各地开展积极的教育变革。

格雷厄姆博士的背景、经历等详细信息，请访问她的个人网站www.rhgraham. org获取。

1.2 研究方法

研究分两个阶段进行，每个阶段都以一对一的访谈作为主要的证据收集方法。

第一阶段：基于对50位全球工程教育领域思想领袖的访谈证据，给出了全球工程教育前沿的概况，并对未来可能出现的发展趋势进行了水平扫描。

第二阶段：在第一阶段确定的工程教育"新兴领导者"中，对四所择定的院校进行案例研究评价。

两个阶段共对178人进行了访谈，这些受访者对许多全球领先的工程课程计划有着深入的了解和丰富的经验。因此，他们详尽地描述了工程教育的最新进展和该领域面临的机遇与制约因素。

两个阶段中的访谈都是一对一进行，通常持续一个小时，以英语作为交流语言。整个报告引用了178名受访者的访谈内容，对访谈中显现出的共同观点和主题进行了说明。研究严格做好受访者的匿名保护工作。在访谈开始前，会向受访者明确说明，报告中的信息或观点不会以署名的形式出现，除非受访者明确授权同意公开。

有关第一阶段和第二阶段研究方法的更多详细信息，请参见以下两个小节。

1.2.1 第一阶段研究方法

研究的第一阶段在2016年9—11月进行，该阶段试图遴选出全球最负盛名的工程课程计划，并对这些名校所采用教育方式的特征进行梳理。研究聚焦于工程教育领域中的"现任领导者"和"新兴领导者"，与50位全球工程教育领域内公认的思想领袖进行了访谈。这组专家和意见领袖涵盖了工程教育研究领域的带头人、工程教育领域的政策制定者，以及亲身实践过全球一流工程教育课程计划的大学领导人员。通过汇集这些国际权威专家的观点和见解，研究给出了全球工程教育领域的最佳实践和未来发展方向的蓝图。

研究基于文献综述和负责人对国际工程教育网络的了解，确定了最初的访谈目标。之后，采用类似"滚雪球"的方法，由最初的受访者小组给出他们认为应该列入咨询名单的其他全球思想领袖，进而拓展咨询对象的规模，并基于推荐名单，优先考虑对同时得到三名或三名以上受访者推荐的思想领袖做进一步的访谈。

研究顺利地与来自18个国家的50位思想领袖进行了访谈，受访者所处的地理位置如图1所示。其中，就职于美国的受访者成为专家组中人数最多的单一群体，这一权重反映了美国的受访者被推荐为全球思想领袖的频率。附录A.1提供了本研究中50名受访者的完整名单。

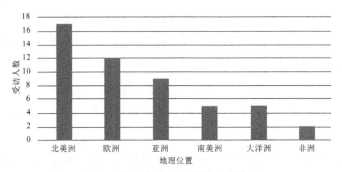

图1　受访者的地理位置分布情况

访谈向所有受访者都询问了一组共同的问题（详见附录A.2），并对具有工程设计或教育影响评估等领域相关专业知识的受访者进行了附加的提问。

访谈还得到了一份工程教育最新进展报告的补充支持，该报告通过文献检索和综述研究而形成。这种对现有知识的整合工作，为咨询中受访者强调说明工程教育现行的最佳课程计划提供了背景信息。在访谈过程中，思想领袖们对一些地区的工程教育课程计划表现出了强烈的兴趣。为了获取这些课程计划特有的教育方式或细节性的信息，研究对9位受访者进行了附加的访谈。

1.2.2　第二阶段研究方法

研究的第二阶段以工程教育的四个"新兴领导者"为重点展开，这些"新兴领导者"由第一阶段中受访的思想领袖们确定。报告的第3.1节对如何从被推荐的课程计划中确定案例研究对象的筛选标准进行了说明。案例研究对象包括新加坡科技与设计大学、伦敦大学学院工程学院、查尔斯特大学工程学院和代尔夫特理工大学四所院校。

研究向案例对象的每一所大学提交了正式函件，希望得到对相关院校开展案例研究的许可。所有去函都做出了声明，后续完成的案例研究评估将被严格保密，除非相关院校批准同意公开。

案例研究于2017年3—11月进行，每个案例研究的工作周期为6～8周。每个案例研究都把面向该本科生课程计划中多元利益相关者的一对一的半结构化访谈作为主要的数据收集方法。四个案例研究累计开展了133次"一对一"的访谈，每个案例均开展了31～37次"一对一"访谈。①大多数访谈在研究人员实地访问某大学时，以面对面的方式进行，每次访谈的持续时间为一个小时。当无法面对面交流时，则以电话或者Skype等远程线上方式进行。研究还会根据受访者的要求，提前为对方提供访谈的问题。

访谈最初的目标群体是根据文献综述、研究第一阶段中受访者的建议名单以及与案例研究院校进行联系的主要意图所确定的。后续的受访者名单则根据第一轮的访谈结果来确定，以确保受访者给出的一系列观点和身份角色具有代表性。案例研究的受访者来自四个利益相关者群体（见表1）。

·大学的现任和前任学术带头人，包括大学校长、学院院长和课程计划负责人（酌情而定）；

·大学中纯教学岗位和教学科研并重岗位的现任和前任教师，以及大学的教学职能部门代表；

·大学的在校生和校友；

·外部的利益相关者，包括国家政府的公务人员、同一层次的地方性和全国性大学，校企合作伙伴和毕业生雇主。

表1 各案例研究中受访者所在的利益相关者群体分布

利益相关者群体	新加坡科技与设计大学	伦敦大学学院工程学院	查尔斯特大学工程学院	代尔夫特理工大学
大学的学术带头人	11	9	5	9
大学的教师和教育专业人员	10	12	9	13
大学的在校生和校友	7	5	7	6
外部利益相关者	9	5	11	5
合计	37	31	32	33
参与咨询的其他教师和学生	22	6	6	5

① 此处需要指出的是，研究第一阶段中有五名受访者出现在第二阶段的案例研究中，作为关于某个案例研究的受访者再次参与访谈。因此，研究的两个阶段所列出的受访者总人数显示为178名而非183名。

为了保护隐私，第二阶段中参与咨询的受访者身份依然予以保密。在对案例研究院校进行实地访问期间，研究还对教师和学生开展了非正式的"焦点小组"式讨论，从而获得额外的利益相关者反馈。参与这类小组咨询讨论的人数情况，可以参见表1的最后一行数据。

在每个案例中，访谈和焦点小组的反馈都通过以下方式得到了补充。

·通过文献检索和综述研究形成报告，用于找寻该所院校教育方式中先前已有的评价方式或归档记录；

·将所有现成可获取的院校数据形成综述，这些数据与该校的本科生工程课程计划和（或）该校工程专业学生的统计数据相关；

·对大学的实地考察，考察内容涵盖了该校的课程、活动和事件（酌情而定），同时与参与以上几类项目的学生进行了非正式的交流。

每个案例研究都形成了一份报告和一份概要。在报告定稿之前，每个案例研究的院校都有机会对报告初稿材料中存在的任何信息不准确或者遗漏问题进行修正。第3.2节提供了案例研究的概要，其相应的案例研究完整报告详见附录B、附录C、附录D和附录E。这四个报告具有共同的整体结构，如专栏1所示。

专栏1. 案例研究的共同结构，均包含五个部分

（1）背景信息：概述案例研究对象院校所在国家的高等教育格局和该校的背景信息，包括学校的规模、办学重点和在校生统计数据；

（2）工程教育课程计划的发展：以时间为序，介绍该校本科生课程计划发展过程的关键阶段。发展过程的起讫时间分别为该校课程计划概念形成或课程计划发生演变的时间和案例研究工作开展的时间；

（3）教育方式：该校工程课程计划的关键性特征、主流的教学方法及其教学结构与过程；

（4）课程设计：课程计划中的具体课程设计，介绍了具体课程中关键组成部分的信息和实例；

（5）综述与结论性意见：对该校工程课程计划的关键性特征、成功因素和未来可能面临的挑战进行总结。

1.3　报告结构与重点

报告的结构与重点如下所述。

第2章　全球一流工程课程计划。该部分对研究第一阶段访谈中，由50名思想领袖所确定的工程教育领域"现任领导者"和"新兴领导者"院校进行了概述；同时，还介绍了思想领袖们在筛选这两组院校时所采用的标准。

第3章　工程教育"新兴领导者"的案例研究。该部分对研究第二阶段开展的案例研究进行了总结，重点关注了工程教育的四个"新兴领导者"，分别是新加坡科技与设计大学（SUTD），伦敦大学学院（UCL）工程学院，查尔斯特大学（CSU）工程学院和代尔夫特理工大学（TU Delft）。案例研究的完整报告详见附录B、附录C、附录D和附录E。

第4章　全球工程教育：挑战与未来方向。该部分汇总了两个阶段的研究成果，并对（1）工程教育领域"现任领导者"和"新兴领导者"院校的差异性特征、（2）制约工程教育领域发展的主要挑战、（3）预期将决定未来全球工程教育发展方向的主要趋势等进行了概述。

附录A　第一阶段背景信息和反馈结果。包括：（1）接受访谈的思想领袖名单；（2）向思想领袖们提的核心访谈问题；（3）思想领袖就工程教育质量和影响的评估给予的反馈；（4）根据思想领袖们对选定的一流院校给予的反馈所形成的总结；（5）能体现这些一流院校特征的基本情况数据。

附录B　新加坡科技与设计大学案例研究

附录C　伦敦大学学院工程学院案例研究

附录D　查尔斯特大学工程学院案例研究

附录E　代尔夫特理工大学案例研究

附录F　全球工程教育领导者名录

第2章
全球一流工程课程计划

第2章介绍了研究第一阶段的成果，该阶段对全球工程教育领域中50位思想领袖的观点和经验进行了调查。研究要求思想领袖们给出他们所认为的（1）全球工程教育"现任领导者"和（2）全球工程教育"新兴领导者"的名单。在这两组案例中，研究要求受访者给出院校的名单，而非课程计划或课程的名单，使受访者的建议能够整合到"现任领导者"和"新兴领导者"的院校排名中，具体可分别参见第2.1节和第2.2节内容。

第2.3节探讨了思想领袖们在选定工程教育"现任领导者"和"新兴领导者"时所用的标准，并对如何衡量工程教育的质量和影响进行了论述。

2.1 谁是工程教育领域的现任领导者？

研究要求50名思想领袖推荐5～6所他们眼中的全球工程教育"现任领导者"大学。

根据50位思想领袖的反馈，共有来自22个国家的81所大学被推荐为工程教育领域的"现任领导者"。图2给出了被推荐为"现任领导者"次数最多的10所院校，其中，超过半数的思想领袖都将美国的欧林工学院和麻省理工学院列为工程教育的"现任领导者"。紧随"十强"大学之后的是美国的哈维穆德学院，新加坡的新加坡理工学院、南洋理工大学和英国的帝国理工学院。

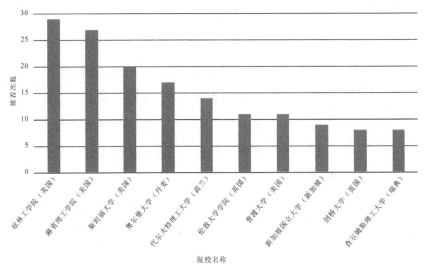

图2　被推荐为工程教育"现任领导者"次数最多的10所院校

对受访者院校选择的分析显示，美国受访者多倾向于将美国的大学确定为"现任领导者"。在美国受访者选出的"现任领导者"中，有66％是美国的院校。而这种情况在非美国受访者中表现得并不明显，在他们选出的"现任领导者"中，只有18％的院校来自这些受访者所在的国家。

为确保"现任领导者"中排名前十的高校名单不受这种潜在偏见的影响，研究在考虑了受访者所在国家的因素后，对数据再次进行了分析。如图3所示，第二次分析将受访者所在国家与被推荐院校所在国家相一致的数据进行了剔除。为保护隐私，图3中仅列出了推荐次数排名前五的院校数据情况。经过重新计算，进入

"现任领导者"前十位名单的院校并没有发生变化，然而，普渡大学和斯坦福大学在名单中的位次较之前有所下滑。欧林工学院和麻省理工学院依旧稳居排名的前两位，但两所学校之间的位次发生逆转，这也许可以说明，美国以外的受访者更倾向于将欧林工学院列为工程教育领域的"新兴领导者"而非"现任领导者"。

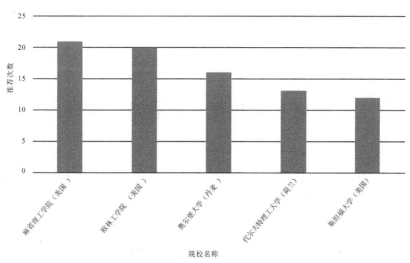

图3 被推荐为工程教育"现任领导者"次数最多的5所院校
（数据已结合受访者所在国家情况进行调整）

有近半的受访者在描述自己对这些院校的选择时，进一步谈到了工程教育领域正在进入一个快速、根本性的变革期。因此他们中的许多人认为，现在自己选择的这些全球领导者大学，可能会"在五年内与它们现在所处的地位大不相同，因为构成工程教育优秀实践的标杆正在发生变化"。受访者还认为，这些变革并不会仅仅局限在工程（教育）领域，本科教育的质量和影响已经越来越成为整个教育领域的重点。一些受访者指出，包括大学的校长、副校长和高级管理人员在内的大学领导者们，都对学校的教育愿景和战略给予了更多的重视。如一位受访者在汇报中提到的：

"在过去，我和校长、院长的对话自始至终都是围绕着研究展开……（但现在），他们开始跟我谈论教学工作，包括他们目前正在开展哪些工作、做了哪些方面的改变。"

然而也有人指出，要"了解其他院校的课堂教学到底是如何开展的"、实现对"（教学工作）书面介绍与实际情况间区别的把握"存在着一定的难度。于是，建议继续将关注的重点放在"（全球）排名中的顶尖大学"和有着优秀教育实践，却经常在"巡回会议"中被忽视的大学。

关于"现任领导者"院校共同特征的更多信息，请参见第4.1.1节。思想领袖们对工程教育领域"现任领导者"名单中排名靠前的院校所给出的反馈信息，请参见附录A.4。排名前12位的工程课程计划的基本情况比较，请参见附录A.5。

2.2　谁是工程教育领域的新兴领导者？

研究要求思想领袖们确定5～6所他们所认为的工程教育"新兴领导者"大学，并对这些院校进行描述。"新兴领导者"院校是指那些在未来几十年里，将会跃升为全球工程教育顶尖层次的院校。

根据思想领袖们的反馈，共有来自27个国家的89所大学被推荐为工程教育领域的"新兴领导者"。图4显示了被推荐为"新兴领导者"次数最多的10所院校。紧随"十强"大学之后的是墨西哥的蒙特雷理工学院、中国香港的香港科技大学、德国的亚琛工业大学和新加坡的南洋理工大学。

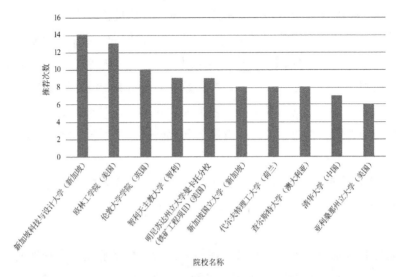

图4　被推荐为工程教育"新兴领导者"次数最多的10所院校

在全球工程教育"现任领导者"和"新兴领导者"推荐名单中，欧林工学院、新加坡国立大学、伦敦大学学院和代尔夫特理工大学四所院校都明显占据了重要的地位。虽然一些受访者认为这四所院校是工程教育的"现任领导者"，但在其他人，尤其是那些与这四所院校不同属全国性或地方性大学的受访者看来，四所院校是工程教育的"新兴领导者"。由此可以看出，如果受访者们对四所院校划归于哪一类"领导者"的选择更趋于一致，那么这四所院校无论在"现任领导者"推荐名单还是在"新兴领导者"推荐名单中的位置都将会更加靠前。但总的来看，新加坡科技与设计大学和欧林工学院始终是被受访者推荐为工程教育"新兴领导者"次数最多的两所院校。

关于"新兴领导者"院校共同特征的更多信息，请参见第4.1.2节。思想领袖们对工程教育领域"新兴领导者"名单中排名靠前的各个院校所给出的反馈信息，请参见附录A.4。

在第4.3.1节的进一步探讨中，"新兴领导者"们尤为显著的一个特征在于，它们与工程教育"现任领导者"的地理位置存在着鲜明的差别。大多数的"现任领导者"都位于北美洲或欧洲，而被选为"新兴领导者"的院校则来自更为广泛的地区，其中亚洲和南美洲的院校尤为突出。

经过再三讨论，许多院校被受访者认为是"未来值得关注的学校"，鉴于这些学校仍处于发展的初期阶段，因此还不能将其列为"新兴领导者"。这些学校的实例，请参见专栏2。

专栏2. 思想领袖们给出的工程教育领域中"值得关注的学校"

·英国的新型技术工程大学[1]：一所正在发展中的教学型工程技术大学，该校强调对创造力、创新的培养和体验式学习。学校于2019年招收第一批学生。在没有正式授课讲座的情况下，学校将与行业合作开展课程建设，课程中将会纳入6～12个月必修性质的工作实习。

·加拿大约克大学的拉松德工程学院[2]：一所新成立的工程学院，旨在培养"复兴工程师"[3]，2013年学院首次开展了本科生的招生工作。

---

[1] 英国新型技术工程大学（NMiTE），http://nmite.org.uk
[2] 约克大学拉松德工程学院，http://lassonde.yorku.ca
[3] 拉松德工程学院的拉松德俱乐部，http://clublassonde.com

·印度胡布利的布马拉迪工程技术学院①：将本科生课程转型为多学科学习环境下强调社会与技术创新的课程。该学院开展教育改革的动力之一，在于其旨在发挥对地方性创业生态系统发展的促进作用。每年约有1200名工程专业的学生从该学院毕业。

·美国波士顿正在新建的大学：许多思想领袖谈到了麻省理工学院前研究生院院长克里斯汀·奥尔蒂斯（Christine Ortiz）正在建设的这所新学校。

·巴西教育与研究学院的新型工程学院②：该工程学院开发出了以学生为中心的新型实践课程。

2.3　教育质量应该如何评估？

第一阶段的访谈就"工程教育的质量和影响力应该如何进行评估"这个问题，考察了思想领袖们的看法。研究要求受访者对他们确定工程教育"现任领导者"和"新兴领导者"院校的选择依据进行思考，并对这些院校评估其本科生课程计划影响力和质量的有力方法展开说明。

受访者的反馈形成了一个明确的共识：

"我们教育界在评估教育对学生所产生的影响、学生到底学到了多少东西这件事情上，做得非常糟糕。"

事实上，在谈到哪些院校采取了"有效的方法来评估学校课程计划对学生学习的影响，抑或对学校教育变革的影响力进行评估"时，超过80%的思想领袖都无法给出几所学校，甚至是一所学校的名字（请参阅附录A.2中的问题6）。受访者认为在缺乏可靠和可比较数据的情况下，无法评估学校教育质量。这种局面不仅制约了身为外部观察者的思想领袖对院校教育质量进行知情评估的能力，而且阻碍了整个工程教育共同体向前发展的证据基础建设。全球各类的大学排行由于

---

① 印度布马拉迪工程技术学院，http://www.bvb.edu
② 巴西教育与研究学院的新工程教学法，http://www.insper.edu.br/en/newsroom/insper-in-the-media/the-new-way-to-teach-engineering/

在评估学校教育质量时通常依赖于师生比、毕业生就业状况等解释性较为乏力的替代性指标，因此广受诟病。同样地，工程教育的学术活动也普遍被认为与工程教育总的课程计划质量和影响力之间并没有充分的关联："工程教育领域持续开展的学术工作并没有转化到课堂应用中，而是始终停留在理论层面。"

而许多受访者认为，丹麦的奥尔堡大学是上述情况的一个例外。奥尔堡大学之所以能够脱颖而出，得益于该校采取了一种更连贯、有力的方法，对学校教育给学生学习形成的影响进行评估。通过访谈反馈的确可以看出，奥尔堡大学对课程计划影响力的系统评估方法、课程计划可验证的质量以及外部可见的学校成就，都对该校被列为工程教育"现任领导者"发挥了作用。例如在2004年，奥尔堡大学发布了一份调查报告，该调查获取了毕业生雇主对本校毕业生所具备的技术和能力的看法，并将奥尔堡大学与尚未广泛采用问题式学习方法的丹麦同行院校的毕业生情况进行了对比。调查以同样的方式对全部毕业生所具备的技术工程知识进行评价，相较于同行院校的毕业生，奥尔堡大学的毕业生在个人能力和专业技术上表现出了明显的优势。最近，奥尔堡大学开展了一项名为"毕业生进入工作岗位"（PROCEED-2-WORK）的研究，该研究对丹麦的工程专业学生进入工作岗位后的经历和观点进行了纵向数据的收集。

总体而言，思想领袖们给出了可用于开展其他大学教育质量评估的三种宽泛的常规指标。专栏3对（1）大学毕业生的质量和影响力、（2）学生在校期间的自我"增值"、（3）学校实施世界一流教育的能力这三种指标进行了概括。思想领袖们对三种指标所作的逐一反馈，请参见附录A.3。

专栏3. 思想领袖们给出的可用于工程教育质量评估的常规指标

1. 毕业生的质量和影响力：评估本科生课程计划质量的一个重要指标，就是毕业生的职业生涯发展和影响力。受访者建议采用毕业生"工龄满十年后的职业前景"和毕业生"具备当前和未来行业所需能力"的程度作为具体的评测指标。然而，部分受访者对这些指标能够有效地用于校际教育质量的比较，从而找到全球最佳的工程教育课程计划持怀疑的态度。这种怀疑出于一所学校的生源质量对毕业生质量的影响。一些思想领袖认为，无论是正式的学校排行还是常规研究，只要使用了这些"输出性指标"进行教育质量的评估，许多拥有高质量生源的世界顶级研究型大学即便在教育实践中没有优异的表现，也会得到教育质量出色的好名声。

2.学生在校期间的自我"增值"：许多受访者认为，评估工程课程计划质量和影响力的"黄金准则"在于掌握学生通过课程学习所获得的"增量"或"增值"。但受访者也承认，"目前还缺乏对工程课程计划中学生所实现'增量'进行客观评估的有质量的基本情况数据。这将是工程教育下一个重要的前沿研究问题"。

3.学校实施世界一流教育的能力：近90％的思想领袖把一所院校是否有能力实施世界一流教育作为他们选择"现任领导者"和"新兴领导者"的依据，这样操作的部分原因在于他们也缺乏其他与教育质量相关的可靠有力数据。学校的这种能力主要体现在三个方面：

·大学展现的教育领导力和责任，如学校认可和奖励高质量教学、拨款促进教学的举措。

·教育文化的呈现，如"（院系或大学）进行创新和尝试新事物的意愿""动员教师投入教学、教职人员间积极讨论教学"的程度。

·学校影响其他院校工程教育实践的能力，表现在：（1）大学在影响和改善区域或全球工程教育实践中的积极推动作用；（2）学校的工程教育实践对全球其他大学的可借鉴作用。

大多数受访者都在访谈中讲到了上述全部的三个指标。其中，受访者们特别强调了专栏3中的第3个指标——"学校实施世界一流教育的能力"，该指标被受访者们一致援引为确定工程教育"现任领导者"和"新兴领导者"的参考依据。思想领袖们指出，学校实施世界一流教育的能力是仅有的一个可便于获取事实证据的指标（优于第2个"增值"数据指标），并且该指标不受学校生源质量的影响（优于第1个与毕业生质量和影响力相关的指标）。

第3章
工程教育"新兴领导者"的案例研究

第3章对研究第二阶段的成果进行了总结，主要包括工程教育领域中四个"新兴领导者"院校的案例研究：

1. 新加坡科技与设计大学（新加坡）
2. 伦敦大学学院工程学院（英国）
3. 查尔斯特大学工程学院（澳大利亚）
4. 代尔夫特理工大学（荷兰）

第3.1节提供了四个案例的研究范围和方法等背景信息。第3.2节对每个案例研究分别进行了概述。案例研究的完整情况整理在附录中，具体请参见附录B（新加坡科技与设计大学）、附录C（伦敦大学学院工程学院）、附录D（查尔斯特大学工程学院）和附录E（代尔夫特理工大学）。

3.1 案例研究的介绍

3.1.1 四所案例研究院校的概况

第一阶段确定了工程教育"现任领导者"的前十所院校名单和工程教育"新兴领导者"的前十所院校名单。两份名单中的各个院校都是工程教育领域的卓越典范，都可以被选作案例研究的对象。

这些顶级院校通常遵循以下三种路径发展。

·近些年"从零起步"新建设起来的工程院校，如查尔斯特大学工程学院、明尼苏达州立大学曼卡托分校（铁矿工程项目）、欧林工学院和新加坡科技与设计大学；

·通过全面深入的系统性改革而形成的工程院校，如智利天主教大学、伦敦大学学院和亚利桑那州立大学；

·以战略前瞻的方式持续推动学校教育内涵式发展的院校，如麻省理工学院、斯坦福大学和代尔夫特理工大学。

被选为案例研究对象的院校要能够实现这三种发展方式之间的平衡，并能够在一定程度上代表不同的地域、经济发展水平和制度背景中的院校。

基于这些选择标准，研究选出了四所院校（大学或学院）作为案例研究的对象，它们是：

新加坡科技与设计大学（新加坡） 这是一所新近成立的工程与建筑专业性大学，该校提供了一套以设计为中心的多学科项目式课程，并以小组学习的形式开展。新加坡科技与设计大学的案例研究报告详见附录B。

伦敦大学学院工程学院（英国） 伦敦大学学院共有下属11个学院，其中的工程学院于近年开展了一次名为"综合工程计划"的全面教育改革，该计划涵盖了工程学院的9个工程本科生课程计划。伦敦大学学院工程学院的案例研究报告详见附录C。

查尔斯特大学工程学院（澳大利亚） 这项新工程课程计划建立于澳大利亚偏远地区，将校内的项目式学习与在线学习和校外工作学习相结合。查尔斯特大学工程学院的案例研究报告详见附录D。

代尔夫特理工大学（荷兰） 该校以其平等主义文化和包容性精神著称，学校允许在设计主导型课程、学生主导型课外活动和在线学习等领域内开展"自下而上"的创新，代尔夫特理工大学的案例研究报告详见附录E。

四个案例研究的概要请参见第3.2节。

3.1.2 案例研究范围和研究重点的总体比较

四个案例研究课程计划所涉及的规模和采用的方法，存在着很大的差别。例如，针对专业性工程技术院校的两个案例研究，涵盖了新加坡科技与设计大学、代尔夫特理工大学所有的本科生课程计划。另外两个案例则是在规模更大的伦敦大学学院和查尔斯特大学中进行，但具体的案例研究对象仅为这两所大学的工程学院。因此，各个案例研究课程计划的规模存在着很大的差异，如查尔斯特大学工程学院的课程计划每年仅招收28名学生，而代尔夫特理工大学本科生课程计划的每年招生总量超过3700名。

各个案例研究课程计划在课程设计和课程重点上也各不相同。为了对各个课程计划进行总体比较，图5对比展示了四个课程计划的整体课程安排。关于各课程安排的更多信息，请参见附录B至附录E中的案例研究报告。

在查阅图5时，请注意以下几点：

·图中信息仅涉及各校的本科生课程计划。只有当某课程计划为本硕联合培养计划时，图中才会标注出该课程计划的硕士课程（如伦敦大学学院工程学院和查尔斯特大学工程学院）。

·查尔斯特大学工程学院的课程计划是四个案例中唯一要求所有学生必须按照给定的课程安排开展学习的。其他三所院校的课程计划都允许学生自主选择他们的专业主修课程。图中选取并展示了新加坡科技与设计大学、伦敦大学学院工程学院和代尔夫特理工大学中某个典型或样板课程计划的课程安排。其中，新加坡科技与设计大学选取的是工程产品开发专业2年级到3.5年级的课程安排，代尔夫特理工大学选取的是航空航天工程专业本科生课程计划的课程安排。

·图中并没有显示出四所院校学年长度的区别。如代尔夫特理工大学将每学年分为两个学期开展课程，每个学期为20周；新加坡科技与设计大学将每学年分为三个学期开展课程，每个学期为14周；查尔斯特大学工程学院学生在课程计划的后四年学习阶段，需要完成长达12个月的工作实习，学生每年工作时长为47周。

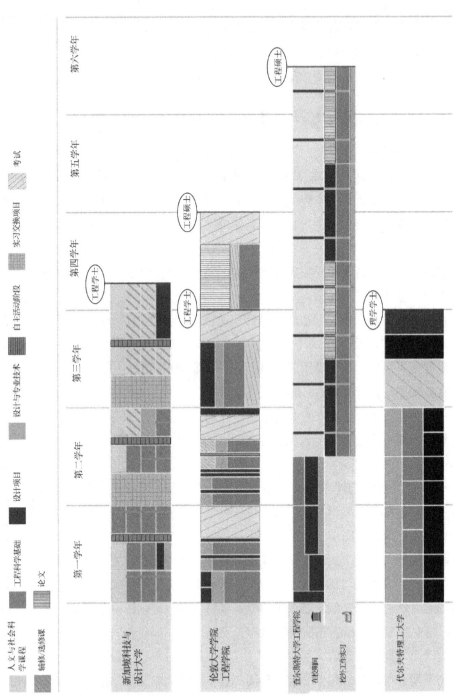

图 5 四个案例研究工程课程计划的课程结构和课程内容

·新加坡科技与设计大学课程安排中的对角线阴影，表示将大量的多样化设计项目整合到课程内部和课程之间。

·图中仅显示了伦敦大学学院工程学院的考试阶段。其他三个本科课程计划，或者不作考试安排，或者因考试阶段太短，所以没有在图中得到体现。其中，查尔斯特大学工程学院不对学生进行正式的考试；新加坡科技与设计大学在每个学期末进行为期2～3天的考试；代尔夫特理工大学通常在每个学期的期中和期末进行为期两周的考试。

3.2 四个案例研究的概要

下面的各个小节给出了每个案例研究的概要。

第3.2.1节 提供了新加坡科技与设计大学案例研究的概要（其完整报告详见附录B）。在研究的第一阶段，该校是被思想领袖们推荐为工程教育"新兴领导者"次数最多的学校。

第3.2.2节 提供了伦敦大学学院工程学院案例研究的概要（其完整报告详见附录C）。在研究的第一阶段，该校被思想领袖们既推荐为工程教育的"现任领导者"，又推荐为"新兴领导者"。

第3.2.3节 提供了查尔斯特大学工程学院案例研究的概要（其完整报告详见附录D）。在研究的第一阶段，该校被思想领袖们推荐为工程教育的"新兴领导者"。

第3.2.4节 提供了代尔夫特理工大学案例研究的概要（其完整报告详见附录E）。在研究的第一阶段，该校被思想领袖们既推荐为工程教育的"现任领导者"，又推荐为"新兴领导者"。

案例研究方法的具体情况已经在第1.2节作了说明。需要注意的关键点如下所述。

·所有的案例研究都是基于"一对一"访谈构建的，访谈获取了主要利益相关者的经验和观点。每个案例研究所访谈的利益相关者数量为31～37名。

·对133名受访者谈话内容的匿名引述构成了各案例研究。这些引述对研究形成的共同观点和主题起到了说明作用。

·每个案例研究报告具有共同的结构。

·为突出报告重点，案例研究仅针对本科生教育，案例研究院校的研究生教育或研究活动与本科生课程计划有明显关联的除外。

·鉴于案例研究是对拥有最先进教育实践的工程课程计划所开展的前瞻性评估，因此体现这些课程计划影响学生学习和发展的证据十分有限。

还要注意的是，每个案例研究中所使用的术语与该校受访的利益相关者们所使用的术语是前后一致的。采取这样的一致性方式，可以避免像"faculty"这样具有双重含义的词汇在表述中引起歧义。"faculty"一词在大学里既可以指"一名教师"，也可以指"大学里的一个学院"。比如：

·大学的教师（"faculty"或"academic staff"），在代尔夫特理工大学用"teachers"一词进行表述，在伦敦大学学院用"academics"或"staff"表述。

·特定学科的学院，伦敦大学学院和代尔夫特理工大学则均用"Faculties"来进行表述。

3.2.1　新加坡科技与设计大学案例研究概要

2007年8月，新加坡总理发布政府工作计划，将国家支持公立高等教育发展的财政投入比例从25%提高到30%。当时的新加坡只有三所公立大学。政府希望通过建立第四所公立大学，实现新加坡高等教育承载力的提升和格局的多样性。这所新的大学将自身建设定位为一个推动国民经济增长的引擎，着力开展（1）工程与应用科学、（2）商业与信息技术和（3）建筑与设计三个重点领域的人才培养和应用研究。学校强调跨学科、实践学习和产学研的紧密联系，采用"面向未来的新型（教育）方式"，培养技术驱动型的创业者，不断鼓励和激发更多的学生从事科学与工程领域的职业。新加坡政府响应全球高等教育共同体建设的号召，将麻省理工学院选为这所新大学建设的主要合作伙伴。

麻省理工学院为这所新的大学建设制定了蓝图，将"设计"作为学校建设的核心理念。新学校的校名"新加坡科技与设计大学"和校训"设计创造更美世界"，也体现出了该校对设计的重视。2012年5月，新加坡科技与设计大学迎来了第一批入学的本科学生。

新加坡科技与设计大学的教育结构和教育方式在许多方面都极具特色。

·**设计与创客式的学习**：该校的教学法由主动的设计式学习构成，将开放式的设计活动和设计项目整合到整个课程中，帮助学生探索知识、整合所学并促进学生开展持续的学习。许多课程采取动手实践的教育方式，要求学生提交一个作品原型。

·**协作式文化**：教师和学生受访者都谈到了学校的"扁平化组织体系"和"初创氛围"。学校广泛实施的小组学习方式，对学生群体发扬"友爱互助和共同体精神"起到了促进作用。

·**多学科教育方式**：学校并非构建于"传统工程零散的学科体系"，也不授予常规工程学科学位，而是让所有学生学完第一年的公共课程之后，再将多学科的四大"支柱"之一（如"工程系统与设计"）作为专业领域，完成剩下的课程学习。

·**教育的广泛性**：学校为学生提供了广泛的体验机会，包括参与研究的机会、行业实习、参与本科生教学的机会以及学习人文社科课程等。这些体验与传统意义上的工程本科生学习内容并无关联。

·**"工程基础课程"的教学严谨性**：学校的大多数课程内容直接取材于麻省理工学院，以期让学生能尽量达到这些课程在麻省理工学院的同等水平。因此，该校课程有着相当高的教学严谨性。

该课程由北美洲的麻省理工学院和亚洲的新加坡科技与设计大学的团队共同设计，在精心设计的课程中嵌入了一些独有的特色，让学生能够对各门课程和各学年的学习进行情景化理解和内化吸收。该校的最大亮点在于其教育方式的联结性，包括跨学科教师教学团队之间的联结性、整个课程安排的各具体课程之间的联结性以及学生课堂学习和课外学习之间的联结性。

在该校培养出卓越的在校生和毕业生的过程中，这种联接性发挥了重要作用。相比于同行院校，受访者们一致提到新加坡科技与设计大学具备两个差异性的特征：

·**内在动机**：学生作为小组学习共同体的成员，参与到沉浸式的真实项目中。这种参与体验有助于培养学生学习的内在动机，"使他们不再紧盯着书面的成绩"。

·**适应能力**：具备适应能力，可以解决"超出某个/某些学科边界"的不确定性问题，能满足项目和专业角色不断变化的需求。

该校教育的成功，主要依赖于学校领导者和教师的付出和远见。在合作伙伴麻省理工学院的支持下，该校组建了一支精挑细选的世界一流的领导团队和优秀的年轻教师队伍，这无疑为该校在科学与技术领域中，持续突破以设计为重点的研究与创新边界提供了强大的力量。除配备了杰出的研究力量外，学校还就其教育使命立下了庄严的承诺。事实上，对该校教学领导的访谈反馈体现了一些最显著的特征，其中一项就是他们具有共同的教育远见并且明确了建立工程教育新范式的个体职责。

该校教育的成功还有两个不可或缺的因素：

·新加坡政府对学校的经费投入和大力支持。政府还同时赋予该校领导充分的自主权和灵活性，致力于将该校建成为一所特色鲜明、具有世界一流教育文化和教育方式的大学；

·与麻省理工学院的合作关系。这种合作关系对两所学校合力设计世界一流的课程和对本校师生灌输创新文化都起到了重要的作用。

在结束与麻省理工学院的教育合作关系后，该校将面临两个重要挑战。第一个挑战是如何维持该校的本科生人数规模。面对新加坡生源数量不断减少的趋势，新加坡国内高等教育的竞争日益激烈，许多潜在招生对象和他们的家长都不愿"冒险选择一所还很年轻的大学"。第二个挑战在于随着学校的发展，如何保持该校的全球协作性、以学生为中心的文化和独特的教育方式。这所大学已经意识到了这些挑战。该校在2018年迎来新一任的校长，将领导这所大学继续主张并捍卫以设计为主导理念、以学生为中心的教育模式，并在未来的工程教育最佳实践评价体系中占据有利地位。

3.2.2　伦敦大学学院案例研究概要

伦敦大学学院位于英国，是全球一流的研究型大学之一，长期名列全球大学排行的前十位。这所大学涵盖广泛的学科领域，从美术到医学、从天体物理到人类学等。工程学院是该校11个学院之一，该学院有11个系，其中有9个系开设了本科生学位课程计划。

在2010年之前，伦敦大学学院工程学院的本科生课程计划在同行院校中表现并不突出，以"极为强调工程科学、非常传统和鲜有团队工作或实践工作"为特征。而且，尽管各系都"一直善于以跨学科方式开展研究工作"，但在教育领域中，各系依然"以各自独立和极为传统的闭塞方式"运行。在2011年初，时任工程学院院长越来越深信，院内各系必须要采用截然不同的方式开展本科生教育，自此播下了改革的种子。正如这位院长所言：

"我们所实施的课程计划看起来就如同当年我所经历过的工程教育一般，我对这种情况并不满意。我需要一些与伦敦大学学院，与我们学校的精神、价值观和工程愿景相匹配的东西。"

在之后的三年里，工程学院对本科生课程进行了重新设计和全面改革。一项新的全学院课程计划——"综合工程计划（IEP）"于2014年9月启动。这项课程计划共有两个主要部分。

·**应用于所有工程院系的通用课程结构**：尽管所有工程专业的学生在进入大学后仍归属于各个学科院系，但在前两年的学习中，工程学院采用全院通用的课程结构。这种课程的亮点在于"场景化"：在以五周为一个循环的系列课程周期中，学生将有四周的时间来学习重要的工程技能和知识，然后将四周所学应用于为期一周的集中性设计项目中。这些体验旨在让学生将所学的知识应用于真实的工程问题，从而在整个课程计划中帮助学生实现所学内容的情境化理解，促进学习成效。

·**绝大多数或全部工程专业学生的多学科体验**：在前两年的学习中，工程学院各系的学生会共同参与一系列的多学科项目和课程单元。这种多学科的体验旨在让学生"打破所在学科的封闭性"，让他们批判性地看待自己所属工程学科的角色和定位，并为他们提供"与具有不同背景和不同观点的人有效开展工作"的平台。例如，第二学年末会让学生参加一个为期两周的集中性项目"如何改变世界"。在这个项目中，学生们将以多学科团队为单位开展工作，解决开放式的人文领域的问题。

受访者们在谈到IEP最为典型的特色时，始终认为该计划将重点放在了多学科学习、知识的实践应用、以工程建构促进世界积极变化以及学生专业技能和专业态度的发展。在推动包含上述特色的教育变革的前行道路上，伦敦大学学院工程学院并不孤单。世界各地许多工程学院的发展愿景都或多或少地提到了上述内容。而伦敦大学学院工程学院的不同之处在于上述典型特色的实施规模以及在课程计划中对这些特色的整合。同行院校的工程课程计划可能会提供项目型的多学科体验，但通常仅向少量学生开放，或者将这些体验活动与整个课程的其他部分分离开来，学生需要自己去努力，将这些体验与他们在"核心"工程课程单元中的学习联系起来。IEP则与之相反，它面向所有的工程专业学生，并被直接整合到核心课程中。这所工程学院每年会有来自八个系的1000名工程专业新生参与沉浸式的真实工程项目，这些项目都被整合在一个具有连贯性的课程结构中。

受访者们都认为IEP改革的成功得益于多种因素。其中包括该学院高层管理者灵活和快速回应的领导方式，该方式使得"长期愿景与短期目标之间达到平衡"，使师生"以务实的态度开展这项工作"。这种领导风格赋予了各个系权力，从而驱动各系结合自身特殊的需求、兴趣和文化，开展自下而上的变革。

当然，IEP也面临着一些重要的挑战。受访者们重点指出了两个挑战。第一个挑战是维持IEP的有效平衡。这种平衡要求一方面建立具有连贯性、延展性和证据互通的全院通用教育模式，另一方面要求确保每个系能维持各自学科课程的自主性，并可结合每个系的工作计划重点谋划自身发展。第二个挑战与教师的角色和工作重点相关。受访者的反馈资料表明，IEP的引入使教师的角色产生了分化，即从以教师为中心的"工程主题"式教学方式，向以项目为中心的学习模式转变。随之形成的是"只教授传统课程、开展少量教学工作的研究为主型教师"和"对教学更有兴趣、愿意承担更多教学任务的教师"。这种教师角色的重塑反映出教师们的个人兴趣和工作重点，而多样化的教师角色并不一定就会带来问题。但教师角色分化成功与否，取决于伦敦大学学院近年开展的晋升体系改革能否允许对教育领域中的教学贡献给予合理的认可和奖励。

尽管面临诸多挑战，IEP依然提供了一种世界一流的工程教育模式，无论是工程学院还是这所大学都明确表达了他们对维持和强化这些教育改革的决心。与此同时，随着工程学院的各个系加入了越来越多的教育专业性知识，IEP团队和新建的工程教育中心将确保伦敦大学学院拥有一个坚实的平台，继续推进不断创新、证据互联的课程体系。

3.2.3 查尔斯特大学案例研究概要

查尔斯特大学位于澳大利亚东南部的人口低密度地区，离澳大利亚主要都市区较远。根植于学校"支持地方发展和维持地方繁荣的专业建设"使命，该校结合新南威尔士州的地方经济和社会发展需求，构建了本校的学科基础。在设立护理学、教育学和会计学等影响"地方经济命脉"的优势专业基础上，该校在过去

20年里进一步多元化发展，设立了牙科、兽医等专业学科。

工程学是一门被公认为"起步"建设较为困难的学科。但在行业和地方委员会对培养技术型工程专业人才、充实地方人才储备的呼声越来越高的情况下，这所学校开展工程课程计划的建设得到了广泛的认同。然而，对地处偏僻环境的查尔斯特大学能否办好新工程课程计划的担忧依然存在：

"……我们将建成澳大利亚的第37所工程学院。但在工程学领域，我们并没有名气。……所以，最大的问题就是如何让学生选择来我们这里学习。"

查尔斯特大学最后得出的结论是，如果学校要新建一个工程课程计划，那它必须能给潜在的生源提供"完全独特的东西，那些他们在其他任何地方都无法学到的东西"。在之后的四年里，该校建成了校内的第一个工程学院——查尔斯特大学工程学院，并组建了一支多元化的教师队伍来设计和构建这项具有特色的新工程本科生课程计划。

2016年2月，该校工程学院推出了土木系统工程专业本硕联合培养计划，学制为五年半。这项课程计划招生规模较小，首批入学的只有28名学生。整个课程计划分两个不同阶段开展。其中，第一阶段（包含前18个月的课程）在校内进行，由一系列基于项目的设计挑战任务构成，这些有难度的挑战任务让学生沉浸于更广泛的工程社会环境中。第二阶段（包含后四年的课程）在校外进行，由四个连续的12个月带薪工作实习构成，每学年为12个月。

查尔斯特大学工程学院的教育方式有三个显著的特征。

· **专业的预就职环境**：校企之间的紧密合作是该校工程课程计划的核心所在，并"深植于课程文化和对学生的培养目标之中"。这种课程文化体现在课程体系"强调实用工程和对企业所需人才的培养"，学生从入学开始就能够"解决实际的工程问题，并像专业人才一样得到培养"。

· **自主学习的课程计划**：课程计划采用以学生为中心的体验式教育，强调学生的自主学习。通过给学生布置一系列的校内挑战任务和基于工作的现实问题，使学生能够辨别、掌握和运用处理问题所需的知识和技能，对学习效果进行反思，并对学习目标进行自主规划和管理。

· **灵活、一流的在线学习**：在线学习是该校工程教育最具特色的元素。几乎所有的"工程技术内容"（包括知识掌握和技能发展）都被拆分成了一整套的课程"主题"，这些主题都向学生在线开放，便于学生随时随地通过在线访问开展自主学习。

查尔斯特大学工程学院汇集了许多未来几十年中全球一流工程课程计划可能具备的差异性特征，这些差异性特征由研究第一阶段中的思想领导者所确定。在被问及是什么特征让查尔斯特大学工程学院在全球工程教育舞台上脱颖而出时，许多外部观察者一致认为是这所工程学院将面对面的项目式学习与学生自主的在线学习相结合的教育方式："（该校工程课程计划）前18个月的教育方式非常棒，它融合了我所见过的最佳工程教育实践中各个方面的内容。"一位观察者在描述工程学院灵活的"即时"在线学习平台时，称之为自己"见过的教学方法中最具创新的事物"。

新建立的课程计划虽然拥有这些显著的优势，但还是面临着重大的挑战，其中最紧迫的就是如何完成每年的招生目标。正如一位校外观察者所评论的：

"查尔斯特大学面临的最大挑战是如何增强学校知名度。如果澳大利亚未来的工程师和他们的家人能够对查尔斯特大学的模式有所认识并真正理解……那这所学校的入学人数将会激增。但现在的困难在于如何建立这种了解渠道。"

该校工程课程计划的早期成功很大程度上有赖于工程学院团队的专业、活力和领导。团队将强大的企业联结、实践体验与重大课程改革和教学学术专业化相结合。

还有其他两个因素对课程计划的成功起到了巩固作用。

·学校高层管理者给予的"坚定支持"，确保了课程计划的愿景和设计很大程度上不被学校的规章制度所约束。

·课程计划领导者具有非凡的胜任力，他们获取了整个学校和所在地方的外部专业支持与善意帮助。事实证明，这对工程课程计划的设计和实施来说都是无价的，"真切地感觉到他们在为一项共同的善举一齐努力。所有人都试图真诚地分享他们在教学和知识上的资源"。

但是，查尔斯特大学工程学院的这一课程计划依然年轻，在若干年的时间里都将无法取得它影响学生学习的证据。尽管如此，校外观察者的访谈反馈依然普遍表达了积极的态度，正如一个人谈到的："……我之前从未见过这样的教育方式，但我对所看到的一切感到非常兴奋。它开启了工程教育新的篇章。"

3.2.4　代尔夫特理工大学案例研究概要

代尔夫特理工大学成立于1842年，是荷兰三所专业技术大学中历史最悠久、规模最大的一所大学。学校拥有八个学院，涵盖工程学、应用科学和设计学。

研究第一阶段曾提到，代尔夫特理工大学在工程教育领域的"现任领导者"和"新兴领导者"名单中均位列前十。多种因素的共同作用给该校带来了良好的声誉，并使该校始终站在工程教育实践的最前沿。其中最关键的因素被受访者们称为"代尔夫特精神"。这是一种开放和包容的理念，它使整个大学共同体能够迸发出新的思想和创新性的方式，不论是从学生到老师，还是从大学领导者到管理人员。根植于整个荷兰社会的平等主义原则影响了这种理念的生成，无独有偶，受访者介绍了代尔夫特理工大学如何培育出了一种生生不息、具有创造力的环境。该校培养出来的学生质量充分证明了这种教育方式的成功。与此同时，在《世界瞬息万变下的工程教育》[①]等颇具影响力的报告助推下，代尔夫特理工大学被广泛推崇为"全球工程教育领域的领导者之一"，这无疑有助于该校声誉的持续增长。

与这份报告中其他三所案例研究的院校不同，代尔夫特理工大学并没有为该校工程教育体系制定出一种统一的标准模式，而是设立了多个具有不同特色的工程课程计划。该校的17个本科生课程计划和33个硕士生课程计划在设计和实施上都具有相对的独立性，相互间的课程设计和教学方法也存在着很大的差别。不过，这些课程计划也具有一些共同的特征。

除了平等主义文化之外，受访者还在反馈中提到，代尔夫特理工大学教育模式中的四个特点，使该校与荷兰国内及全球的同行院校形成了明显的区别。

·**扎实的学科基础知识**：所有受访者都强调了该校工程技术教育的严谨性，所有学生在毕业时都具备了"扎实的数学、力学和工程科学基础"。

·**以设计为核心的学习**：该校的工业设计工程学院和航空航天工程学院等多个学院均设立了以设计为核心的课程，给学生将所学知识进行实践应用和情境化理解提供了机会。

·**有雄心抱负的学生创新和实践学习文化**：学校的文化对培养学生群体的雄

---

① Kamp, A., 2016. Engineering Education in a Rapidly Changing World, second revised edition, https://www.4tu.nl/cee/en/publications/vision-engineering-education.pdf

心抱负和领导力起到了促进作用。通过给学生提供许多极具意义的机会，使学生能够将所学知识应用于解决实际工程问题。这些实践活动大部分是由学生主导发起并开展的课外实践，学生团队的运营相对独立于学校管理。

· **开创性的混合学习和在线学习方式**：许多受访者指出，近年来该校提供在线学习的能力不断增强，对学生在校内和校外的学习都产生了积极的影响。

代尔夫特理工大学在工程教育"新兴领导者"中的地位并不是学校的系统性改革或者从无到有新建课程计划的结果。事实上，该校的优势在于其自身不断变革的能力，尤其要指出的是，该校在持续保有教学方面卓越声誉的基础上，依旧能够对工程教育领域中的教育创新持开放吸收的态度。在学校渐进的变革过程中，校区间协商和凝聚共识成为其中的关键，重点为广大的教师和学院共同推动"自下而上"的教育改革提供了"机会和空间"。一位受访者在谈到这种由教师主导的教育改革过程时，将其描述为：

"这就好像油滴在水中散布开来一样，……变革的发生过程是缓慢的，通过凝聚共识，一小步一小步地前进，这样就使人们能够始终适应这种变革。"

代尔夫特大学教育模式能够成功的关键因素在于学校高水平的教育领导力。以设计为核心的课程、学生主导的实践活动和在线学习等在国际上备受肯定的教育方式，一直得到了校方有针对性的大力支持。在该校将权力分散下放的教育环境中，学校给所有的创新团队负责人都赋予了开拓创新的自由，使他们无需面对许多教学机构中普遍存在的结构和监管上的约束。

但学校的这种做法也会造成内部关系的紧张。虽然学校教育方式的成功很大程度上与学校分散下放的权力结构有关，但这同样也给学校带来了很多挑战。许多校内和校外的受访者都认为代尔夫特理工大学就像是"诸个列岛小国的集合体"，整个学校存在教育模式"亮点分散"的情况，各个学院之间的教学水平和教育实践差异非常大。各学院课程计划之间的连通性似乎非常有限，而且除非国家政府有明令要求，学校基本不会强行对教师群体进行结构性的调整。

当前，这所大学正处在转折点上。代尔夫特理工大学已经制定了一份学校愿景的声明草案，其中涵盖了大量教育变革的根本性思想，包括赋予学生更大的灵活性和选择权、整合新兴的多学科和增强主动学习体验等。这些提案要求许多学院对教学方式和课程体系都进行重大的变革。提案还要求必须有跨学院的重大合作，开展全校范围内的变革。这充分表明，要成功落实这些提案中的教育思想，光采取自下而上的改革方式是远远不够的。要想实现该校"愿景"规划中提出的系统性改革方案,还需要对代尔夫特理工大学的"松散型"文化进行渐进式的变革。

在进行教学改革试点和新教育愿景开发的过程中,该校还会面临一些其他方面的挑战。然而,代尔夫特理工大学高质量的工程教育发展表明,该校有能力建立主动参与教育变革的创新文化,使该校在全球工程教育体系中保持领导者的地位。

第4章
全球工程教育：挑战与未来方向

第4章对全球工程教育的现状进行了系统性评估，并对全球工程教育的未来发展方向进行了水平扫描。本章的研究结论基于本研究前两个阶段得出，即第一阶段与50名工程教育思想领袖所进行的访谈和第二阶段对于四个工程教育"新兴领导者"的案例研究。

第4章主要阐述了三个问题：

1. 全球一流工程教育计划有哪些独特性和最佳实现策略？（第4.1节）

2. 我们面临的哪些关键挑战可能会限制全球工程教育的发展？（第4.2节）

3. 全球工程教育的未来发展方向和趋势是什么？（第4.3节）

第一阶段和第二阶段中的匿名受访者充分表达了他们的观点。

4.1 全球一流工程课程计划的差异性特征是什么？

本研究前两个阶段对全球一流工程教育"现任领导者"和"新兴领导者"的共有特征和经验进行了探索：第一阶段中，思想领袖描述了这些一流课程计划的特征和印象；第二阶段中，利益相关者确认了积极推动教育变革的关键性因素。

依托这些研究基础，本节依次探讨三个问题：

1. 工程教育"现任领导者"的共同特征和教育方式是什么？（第4.1.1节）

2. 工程教育"新兴领导者"的共同特征和教育方式是什么？（第4.1.2节）

3. 作为案例研究评估对象的"新兴领导者"，有哪些共同因素促使其实现了卓越的教育质量？（第4.1.3节）

4.1.1 工程教育"现任领导者"的共同特征与教育方式

被确定为全球工程教育"现任领导者"的院校具有许多共同特征。

·**建立了良好的国际形象**：大多数"现任领导者"都是建设完备的公立大学，可提供规模相对较大的工程专业本科教育。受访者最常提到的工程教育"现任领导者"院校与全球大学排行中的学校存在明显的重叠。事实上，被确定为"新兴领导者"的四所大学（麻省理工学院、斯坦福大学、伦敦大学学院和剑桥大学）都位列2018年QS世界大学排行的前10位[①]。

·**卓越教育质量受限于"局部性"实践**：第一阶段中，许多思想领袖指出，那些有助于一所大学成为全球工程教育领导者的优秀实践却极少具有全校通用性："许多这样的优秀实践都存在"局部性"，它可能只是一个课程计划或者一个学系。除非像欧林工学院这样新成立的大学，很少有整个大学能拥有助其成为最佳领导者的实践"。另一种观点指出"现任领导者"院校的教育实践"有很多活动亮点，但缺乏内在一致性"。教育内在凝聚力对于美国这种将个体教师自主权放在重要位置上的国家来说，是一个特殊的挑战。许多受访者指出，"像奥尔堡大学、代尔夫特理工大学、查尔姆斯理工大学和瑞典皇家理工学院等欧洲大学，似乎更能够采取一种组织协调、内部一致的方式"。来自一流"现任领导者"院

---

① 2018年QS世界大学排行，https://www.topuniversities.com/university-rankings/world-university-rankings/2018

校的受访者和外部观察者都认为，即使不考虑地域因素，大多数学校都发现"要从优秀的实践个案中传播教育思想、文化和实践方法是有难度的，这需要花费相当多的时间和投入大量的精力"。

·**注重外部参与和教育合作**：大多数"现任领导者"，特别是五所最常被提及的优秀大学，它们一直在国际高等教育界积极传播其教育思想和实践行为。此外，大多数优秀大学都拥有支持本科工程课程计划的全球性战略合作伙伴关系。例如：（1）欧林工学院的合作实验室[①]；（2）麻省理工学院发起建立并共同领导的"构思、设计、实施和运作（CDIO）"教育模式[②]；（3）斯坦福大学开展和运作的Epicenter项目[③]；（4）隶属联合国教科文组织的奥尔堡大学"基于项目的学习"研究中心[④]。

如专栏4所述，"现任领导者"除了具有共同的制度特征和结构，其在教育方式上也存在一些明显的相似点。

专栏4.工程教育"现任领导者"的教学特征

·学生参与大学研究活动的路径和联系，通常建立在对于工程基础严格的应用教学之上；

·为学生提供广泛的基于技术的课外活动与学习体验，其中大部分是由学生主导的；

·在课程中贯穿动手实践和体验式学习的多样性机会，主要聚焦于"问题识别和问题解决"环节，通常会由创客空间和团队合作空间提供支持；

·在课程中强调以用户为中心的设计应用，并主动与培养学生的创业能力或社会责任意识等事宜相关联；

·充分利用在线学习和混合式学习等新方法；

·建立与产业的长期合作关系，并使其对工程课程计划和工程研究计划产生影响。

---

① 欧林工学院合作实验室，http://www.olin.edu/collaborate/collaboratory/
② CDIO，http://www.cdio.org
③ 斯坦福大学集中性（Epicenter）项目，http://epicenter.stanford.edu
④ 联合国教科文组织资助下建立的奥尔堡工程科学与可持续性问题学习中心，http://www.ucpbl.net

4.1.2 工程教育"新兴领导者"的共同特征与教育方式

被确定为工程教育"新兴领导者"的院校具有许多共同特征，其中第一个特征是系统、一致的教育方式。大多数"新兴领导者"可以归为以下两类。

·**全新起步**：从零基础建立的大学或工程学院，采用独特的整合性教育方式，如新加坡科技与设计大学、欧林工学院、明尼苏达州立大学曼卡托分校（铁矿工程项目）和查尔斯特大学；

·**系统性改革**：大学或工程院系开展系统性教育改革，实施跨多个工程学科的整合性的教育方式，如伦敦大学学院、智利天主教大学和亚利桑那州立大学。

受访者的反馈意见表明，这种统一而具有持续性的教育方式（涵盖所有工程学科课程计划）并不是大多数"现任领导者"的特征。

第二个特征是地方发展需求及其制约因素决定了学校教育改革的发展程度。

·智利天主教大学工程学院[①]的教育改革得到了政府的大量投资，旨在促进新一代技术创新者推动经济发展，改善社会流动性；

·澳大利亚查尔斯特大学[②]新工程学院的创建，正是对该地区缺乏具备可迁移和创业技能工程师的回应；

·美国亚利桑那州立大学[③]工程学院的教育转型变革主要聚焦于支持亚利桑那州的医疗行业及其地方经济的发展。

访谈反馈表明，这些院校明确的教育目标（如支持国家经济发展、提高地方工程技术基础或解决社会不平等现象），使它们能够采取更具远见和创新的方式。如果改革重点仅仅是"更新规章制度"，这种变革是无法实现的。

"新兴领导者"的第三个共同特征是这些学校采用了与"现任领导者"院校差异化的独特性教育方式。尽管在"新兴领导者"中，组成教育方式的要素各不相同，但一般会包括以下几个方面：

·非常规的学生入学要求或选拔过程；

·将课程整合融入基于工作岗位的学习；

·校外在线学习与校内集中性体验式学习相结合；

·嵌入现实情境与文化，设立非传统课程体验的由学生主导的大量课外活动；

---

① 智利天主教大学"三叶草 2030"计划，http://www.ingenieria2030.org
② 查尔斯特大学工程学院，http://www.csu.edu.au/go/engineering
③ 亚利桑那州立大学艾拉·A.富尔顿工程学院，https://engineering.asu.edu/#

·同时注重工程设计和学生自我反思的过程。

这些结构要素以截然不同的方式形成了与"现任领导者"教育方式的差异性。第4.3.2节将进一步探讨被用来定义下一代工程教育领导者的教育特征。

4.1.3　工程教育最佳实践的促进因素

工程教育"新兴领导者"的四个案例研究（在第3.2节中进行了概述，并在附录B至附录E中进行了全面介绍）阐明了影响工程教育最佳实践的共同因素。其中包括四个明显的关键因素。

·**强化学术领导力**：所有案例所体现的突出特征是该机构的学术领导力。这种领导力表现为清晰的教育愿景和致力于建立工程教育新范式的承诺，该领导方式还具有高度的包容性，注重吸收大学内部各个阶层以及校外利益相关者的意见反馈、证据和想法。以伦敦大学学院工程学院和查尔斯特大学工程学院为例，大学高层管理者对该校非传统教育模式提供了强有力而持续的支持，这是学校改革成功的关键因素。同时，在查尔斯特大学工程学院，学校的高层管理者认为"没有对（课程计划）应该成为什么样子设定期望或先决条件"，而是"允许改革者打破大学的常规"，从而为课程计划的非常规时间安排、人员编制、预算和校内空间需求提供了改革空间。在"坚定不移的支持"下，查尔斯特大学工程课程计划的改革愿景和方案设计并没有"中途退缩"，这在很大程度上是由于没有受到学校制度约束。

·**塑造合作性和探索性教育文化**：每个案例研究的受访者都反复提到在教师中普遍存在着一种独特"精神"或者联合文化以期实现共同目标。在每个案例中，这种文化都被认为是一种非常重要的机制，这种机制"自下而上"地产生创新思想和实践。例如，在代尔夫特理工大学，受访者谈到了"代尔夫特人的精神和态度，他们具有超前思维、进取心、创业精神，以及对教育的投入承诺"。这种平等性文化和包容性精神促使自下而上的创新在各个领域落地、生根、开花，包括以设计为核心的课程、以学生为主导的课外活动和在线学习。对查尔斯特大学工程学院和新加坡科技与设计大学而言，学校精心挑选出那些承诺践行教育使命的教师来负责变革创新。例如，新加坡科技与设计大学的受访者谈到了教师在教学中具有良好的协作和创新能力："管理者给予了（我们）尝试新想法的弹性空间……他们想知道学生如何受益，这就需要开放性和包容性。"

·**学生理解和主动参与新教育方式**：在案例研究的访谈过程中，其最显著的特征之一就是学生参与度很高，如代尔夫特理工大学由学生主导的课外活动"梦之队"的参与度[①]，查尔斯特大学工程学院、新加坡科技与设计大学和伦敦大学学院工程学院以学生为中心的体验式课程的参与度都很高；有趣的是，这些工程课程计划（查尔斯特大学工程学院、新加坡科技与设计大学和伦敦大学学院工程学院）中的后续课程在实施早期都面临过学生群体的抵制阻力。新课程计划要求学生参与探索性、开放性的问题并提供解决方案，以期应对多学科的跨界知识挑战。在最初的几个月甚至几年中，一些学生被这些挑战弄得不知所措，对工程课程中体验式课程的价值提出了质疑。在每个案例中，院校都逐渐通过与学生群体的针对性交流和持续改善教学计划，逐步克服了这些障碍，具体包括：（1）指出21世纪工程领域所面临的主要挑战，要求工程专业毕业生必须具备在多样化环境中做出贡献的重要能力；（2）阐释该课程计划的独特教学方式将会帮助学生逐步培养这些能力；（3）阐明每门课程或每个教学活动具有一系列明确的预期目标和结果。

·**运用校内资源支持改进教育方式的新工具和新方法的开发**：大部分案例院校已开发了内部工具和机制以支持和改进独特的教育方式。例如，伦敦大学学院工程学院、新加坡科技与设计大学和查尔斯特大学工程学院都已经或正在开发学生评估工具，使教学工具与学校独特的教学方式相匹配。伦敦大学学院和新加坡科技与设计大学的评估工具旨在合理确认学生个体在小组项目中所作贡献；查尔斯特大学工程学院开发的在线工具可以有效评估学生对主题掌握的程度。在四个案例中，所有院校都在试图创建一个证据导向的本科课程计划，并将其作为一种工程教育研究能力以改善教育计划。值得关注的是，每个案例研究院校都建立了新的教学角色以增强学校应对真实世界工程挑战的能力，如设立本科生教学助理（新加坡科技与设计大学和代尔夫特理工大学）、驻场工程师（查尔斯特大学工程学院）和全职教学助理（伦敦大学学院工程学院）。

---

① TU Delft DreamTeams, https://www.tudelft.nl/d-dream/

4.2 制约工程教育领域发展的挑战是什么？

在本研究第一阶段，当被问及未来几十年全球工程教育发展将面临的主要挑战时，思想领袖们一致确定了四个议题：

1. 政府与大学对工程教育发展重点和目标的一致性；
2. 面向大规模和多样化的学生群体，提供以学生为中心的高质量工程教育；
3. 工程学院和大学的学科孤立性不利于跨学科合作和跨学科学习；
4. 教师聘用、晋升和任职体系持续强化学术文化导向，而没有合理关注和激励杰出的教学。

下面将依次讨论这些问题。

4.2.1 政府与高等教育目标的一致性

思想领袖在研究第一阶段中谈到，政府的资金支持和干预措施会在未来几年推动工程教育变革。他们指出，越来越多的国家政府，如智利、荷兰、新加坡、韩国和中国，正在进行对工程教育的战略性投资，将工程教育视为新一代技术创新人才的孵化器和经济增长的助推器。相关报告表明，这类投资增强了"工程教育界富有远见和雄心的改革"的能力，对其产生了"变革性影响"。与之相对应，这些国家之外的受访者认为，大学与政府在工程教育发展重点方向上存在冲突。两者之间的冲突通常包括三种类型。

第一，可感知的对立观点，主要是"工程科学教授想要教会工程师做什么，其目标是使他们成为年轻的科学家和博士研究生，这与政府和社会的实际需求，即培养更多的工程师为经济发展与增长作出贡献之间存在矛盾"。相关评论认为，这种对立的局势"在未来数十年内既有可能进一步升级，也有可能会逐步得到解决"。因此，大多数受访者认为，这种观点冲突以及对本科工程教育培养目标尚未达成广泛共识，是很多教师和工程院系不愿进行工程课程改革的核心原因。

第二，一些受访者强调了国家认证要求、地方管理机构的期望和政府高等教育法规对工程教育改革所施加的限制。在中国、印度、巴西和加拿大等国家，这些限制对本科课程计划的结构、内容和实施都产生了明显的影响，这些相关限制"几乎没有给新试验和新想法留下改革空间"。例如，一位受访者描述了在一个本质上为单学科模式的课程认证体系下，创建跨学科工程课程计划所面临的挑战，"当你尝试创新时，试着以跨学科的方式开展工作，你会发现专业认证协会正伸长手臂去阻止工程院系采取这样的行动"。但有趣的是，四个案例院校的相关工程课程体系，或者已经通过了工程课程的认证审核，或者即将获得工程课程的认证审核。

第三，对于政府高等教育资助模式不可预测性的担心正在显著增加，这将"使对未来的规划变得很困难"，并且会"损害或限制（工程）院系正打算做出的实践性改革"。例如，一些美国本地的受访者对国家大幅减少对公立大学的资助表达了担忧：

"他们对我们毕业生数量的期望越来越高……但对于实现教育期望需要支付的相关成本，并没有给予坚实的经济基础。这种短期化利益趋势十分不利于创新，也是未来需要真正担心的。大型公立大学是推动大规模工程教育体系真正可能发生'有趣变革'的地方，但这需要政府财政支持发挥重要作用。"

其他来自英国和澳大利亚的受访者表示，由于近年政府政策发生变化，这有可能会限制教育创新和地方支撑性网络的建立。例如，澳大利亚政府决定停止用于支持大学创新教育的拨款资助。一位受访者认为，多年来这些政府资助经费"对几乎全部35所澳大利亚工程学院产生了重要影响。尽管这笔资助的数额微不足道，每年约合800万澳元，但它们被大学用于专项用途，已经形成了很大的影响力……现在我们已经失去了持续发展的动力"。教育财政资助的不足，会进一步限制愿意专门从事教育教学的新进工程学科教师人才资源的形成，受访者担心澳大利亚近几十年发展起来的国家工程教育支持计划和专家网络将会逐渐"开始消失"。

4.2.2 适应大规模和多样化的学生群体

在研究第一阶段，思想领袖们思考了将主动学习和以学生为中心的学习融入工程课程的全球发展趋势，以及这种做法给学生带来的好处。正如研究指出，自1974年奥尔堡大学建立了新的基于问题的工程课程体系以来[1]，"像奥尔堡大学这样的早期开拓者就成为许多学校的对标对象"。CDIO教育模式的广泛影响促进

---

[1] 奥尔堡大学"基于问题的学习"模式，http://www.en.aau.dk/about-aau/aalborg-model-problem-based-learning/

了"全球许多国家的工程教育改革，具体包括新的工程导论课程、与产业相关联的项目式课程和实践型课程模式"。相关访谈反馈清楚地表明，大多数思想领袖都期望"基于团队和动手实践的学习模式，可以有效回应社会和行业需求"，这将对未来几十年世界一流工程课程计划起到持续推动作用。但是，在大学预算有限的情况下，受访者对受政府资助的大型公立大学向大规模学生群体提供这类教育课程计划的能力表示担忧。受访者特别指出，大型公立大学的学生规模不断扩大，这对其教育质量提出了挑战。这位受访者表达出了许多思想领袖的典型观点：

"我们应如何应对学生人数显著增长？我们如何在早期学习阶段吸引更多的学生进入工程领域？我们如何向他们展示工程学科与政治、社会方方面面的交融性？……我们如何在顶点项目计划（capstone project）之外持续做到这一点？ 这种我们期望的教育方式，其成本是十分高昂的。那么，如何在不降低相关教育质量和内容标准的情况下，向所有大规模的学生群体提供这种教育计划呢？"

那些正在经历着学生数量快速增长的高校受访者很清楚地知道，几乎没有"模范"院校能够在大规模范围内实施以学生为中心的高质量的工程教育。事实上，工程教育"现任领导者"和"新兴领导者"具有很多共同的特征，包括创业体验活动或真实的行业体验式教育，但是实际上这仅适用于规模相对较小的学生群体[1]。正如一位受访者所说：

"欧林工学院和明尼苏达州立大学曼卡托分校（铁矿工程项目）可谓早期发展起来的模范院校——具有高成本、小批量的特征——但是我们更期待接下来出现经济友好型的案例版本。"

研究者还认识到，学生数量的增加将不可避免地带来学生人口统计数据和家庭背景方面的多元化。许多受访者提出，"我们不能继续再迎合同一类型的学生，我们应进一步吸引那些通常不会想要学习工程的学生加入"，但也有另一种观点认为，目前的工程课程体系并不能很好地服务多元化学生群体。近年来，许多"现任领导者"和"新兴领导者"院校都率先实行了旨在提升其工程学院学生群体多样性的变革计划，其中的一些干预措施涉及对工程专业本科生入学标准的

---

[1] 例如，新加坡国立大学因其工程设计课程计划的质量和影响力而被许多受访者单列出来。但是，该校的"创新和设计中心课程计划"是一项仅向受邀对象开放的课程计划，每年招收100名学生，这个群体在工程专业学生总数中占比不到10%。

改革。例如，查尔斯特大学工程学院和伦敦大学学院的土木工程、环境工程和地理工程系并没有将数学和物理的学习作为入学申请的先决条件，而这些条件实际上是大多数工程本科课程计划的典型要求，这两所院校将工程学科入学选拔面向所有学科背景的学生开放。此外，欧林工学院利用提供住宿的"周末日选拔"方式来筛选潜在的报考学生，智利天主教大学也已经为少数族裔的学生群体开发了专门的人才和包容性入学通道，并为这个群体的学生提供专门的指导和支持。

4.2.3　学科性和教育孤岛现象

以学科或院系为基础结构的工程学院和大学，其传统结构被认为阻碍了工程教育的创新和卓越发展。正如将在第4.3.2节所深入讨论的，预计在未来几十年中，多学科学习和增加学生的自主选择权将成为一流工程课程计划的关键特征。然而，新发展趋势普遍被认为会受到现有工程学科的结构性割裂和缺乏非正式跨界互动的制约，这种情况在跨学科教学过程中表现尤为突出。例如，一位思想领袖指出课程的灵活性将会受到以下因素的制约：

"各系难以逾越的学科孤立性，使学生几乎不可能在内容上（并非毫无关联的课程体系中）做出真实有效的选择。"

受访者还指出，重构"来自（大学）工科学院"的"基础性"课程，并确保这些课程的方法、内容和关注重点形成连贯、一致的整体性工程学位计划具有相当的难度。正如一位受访者所解释：

"如果一个院系已经设立了一项课程计划，几乎没有办法让该计划中断；与之相反，如果要创建一项跨学科课程计划，则需要有强大的权力基础，这样每个院系才不会只对开设自己的标准化课程感兴趣，你也不必去乞求数学系做出任何改变。"

大量受访者指出，在这方面，瑞典查尔姆斯理工大学的"跨学科课程计划具有真正的领航意义……，他们在各院系与跨学科课程计划之间建立了良好的权力平衡机制，并且得到了双方的共同支持"。

近年来，许多高质量的工程技术大学都是在打破传统工程学科界限的情况下创建的，其中以新加坡科技与设计大学，俄罗斯斯科尔科沃理工学院[1] 和美国欧

---

[1]　Skoltech, http://www.skoltech.ru/en/

林工学院为典型。来自这些大学的代表明确指出，这种组织方式：

"意味着我们应聚焦于毕业生所需要具备的能力和相关的职业工作经验，而不是简单地将学生束缚于某个学科领域。然而，现有单一学科领域与他们在职业生涯中所要解决的问题类型并不显著相关。"

英国的伦敦大学学院和智利的天主教大学等一流院校在这方面也取得了重要进展，他们强调"弱化现有工程学科的边界"，从而为实现跨学科合作与学习创造更多的机会。

4.2.4　教师参与机制和大学的教学奖励体系

第一阶段的受访者一致指出，缺乏教师的参与和认可是全球工程教育可持续发展的一个重要障碍。一些人常会提及"教师与工程实践领域相脱节"，大学缺乏对教师反思和改善其教学实践的正式与非正式支持。

然而，相关受访者表明，"教师不愿做出改变的原因是他们长期处于没有教学激励体系的环境中"。其中，教师的聘任和晋升标准已经成为改善教育质量和开展教学改革的主要障碍：

"大多数工程课程计划开设在研究型大学中，研究型大学教师的终极评价标准在于其是否为一个优秀的研究者……相关教师的聘任是基于研究成果的；因此，你在教学中所能做的就是在教学工作栏中打钩。教育改革的重点在于教会教师们如何提高教学效率，这样你就有机会花更多的时间从事研究工作。"

正如另一位受访者所指出，"一名合格的教师和一名合格的研究者，两者之间的工作性质是有很大差别的"。受访者还认为，缺乏对教学质量和教学影响力的合理评估指标，是造成教师在职业生涯中无法获得教学激励和职业认可的重要原因：

"我有很多方法可以评价谁是一位出色的研究者，但是我没有相同的指标可以证明谁是一位出色的教师。这也导致教师的教学业绩在晋升时难以获得认可，而我们所能给予的只有教学成果奖。"

许多人指出，教师晋升体系更重视研究而不是教学，这也反映了高等教育机构中普遍的看法："决定一所大学声誉的主要因素仍然是研究成果。除非这种情况发生变化，否则很难看到教学的地位在晋升体系中产生长足的变化……它将继续被边缘化，无法成为主流。"

有趣的是，这种现象在大多数的案例院校中也明显存在。尽管这些院校开展了享誉全球的本科工程课程计划，但是其教师和学术带头人始终认为缺乏对教育贡献的合理奖励是教师职业发展中最令人担心的问题。正如一位案例院校的学术带头人所指出：

"高层管理者有意愿去改变现有晋升体系，但目前尚未实现。要实现这种转变将会面临很大挑战，因为我们需要吸引最好的教师，而这些教师知道他们未来的职业生涯发展及其同行声誉主要取决于他们的研究水平……所以我们尚无法以应有的方式去奖励教学。"

许多受访者认为，长此以往，这种不公平的激励体系可能会对教师花费大量时间提升课程质量和指导学生学习的主观意愿造成潜在的损害。

4.3 工程教育领域的未来发展方向是什么？

本节采用了水平扫描的方法来预测工程教育领域的未来发展趋势以及未来几十年全球领先工程课程计划的特征。本研究结论主要基于第一和第二阶段的证据和相关文献资料得出。

研究证据表明，未来的工程教育呈现出三种趋势。

·**全球工程教育领导者的地理轴线将发生转向，正在从北向南、从高收入国家向亚洲和南美的新兴经济体转移。**新一代的世界工程教育领导者将会由战略性政府投资所催生，它们将工程教育系统作为技术创业人才的孵化器，这将持续推动国家经济的增长。第4.3.1节将进一步探讨该主题。

·**工程课程计划注重与社会的关联性，面向外部发展需求。**这些课程强调学生自主选择、多学科学习和社会的影响，并帮助学生在课堂以外、在传统工程学科以外和在世界各地获取广泛工程体验。第4.3.2节将进一步探讨该主题。

·**大学领导者将规模化提供整合式的世界一流工程课程体系。**下一代的世界工程教育领导者将不太可能以特定的课堂教学技术或学生体验为特征。与之相反，在预算有限的情况下，它们将面向规模化学生群体开展整合式的、以学生为中心的、具有内在一致性的标准化课程体系。第4.3.3节将进一步探讨该主题。

新加坡科技与设计大学就是上述三个主要趋势的典型代表，我们将在专栏5和附录B中进行深入的探讨。

专栏5. 新加坡科技与设计大学的本科教育

新加坡科技与设计大学的建立，源于新加坡政府建设一所新型大学的愿景，这所大学主要聚焦于培养工程、建筑和设计领域的专门应用型人才，并将成为推动国家经济增长的发动机。在未来几年，该校每年招收本科生的人数将从450人增加至1000人。

该校建成于2009年，学校采用的教育方式和组织结构等方面都与众不同。例如，该校没有学系或学院，而是采用多学科教育模式，强调基础工程科学的学术严谨性。该课程体系以设计为核心，提倡主动学习模式，允许学生将各门课程和各个学年的学习进行联接与整合。课程体系中还包括了很多实践动手项目，这些项目得到了学校"创客空间"（可开放获取资源）的大力支持。据估计，新加坡科技与设计大学的平均每个学生需要参与20~30个强化设计项目才能完成学位课程计划。该校还为学生提供了广泛的非传统意义的工程本科生学习体验，包括研究机会、行业实习、本科生助教机会以及大量的人文与社会科学课程。

4.3.1 全球工程教育领导力轴线正在发生位移

本研究前两个阶段的访谈反馈表明，工程教育领域正进入一个快速、根本性的变革时期。正如第一阶段研究中的一位受访者所说：

"……多年来，对于工程教育为何需要变革的讨论从未休止，关于工程教育需要做些什么的说法和报告也有很多。但实际上并没有任何改变，只是给出了一些对新使命的陈述或实施了一些选修课目……近年来却发生了一些改变，这些改变正在世界上一些名不见经传的地方发生着。忽然间，只是固守'旧模式'已经不够了。"

与观察结果相呼应的是，该领域的思想领袖们并没有预料到这些北美和欧洲地区研究型院校的快速变革，在推动工程教育改革和最佳实践的形成过程中发挥着主导作用。他们还指出，院校发展和地理位置的根本性变化将定义和推进未来工程教育的最新发展。通过对比在第一阶段由思想领袖确定为"现任领导者"和"新兴领导者"院校所处的地点，可以发现核心地理位置正在转移。

图6展示了第一阶段受访者对"现任领导者"和"新兴领导者"的分类提名以及其在全球区域的分布情况。正如数据所示，被确定为全球工程教育"现任领导者"的院校主要位于北美洲或欧洲（分别占提名总数的54%和29%，合计占总数的83%）。相比之下，"新兴领导者"主要还包括了亚洲的大学（占比从提名总数的13%增至32%）和南美洲的大学（占比从总数的3%增至11%）。因此，全球一流工程课程计划所处的地理重心可能正在发生根本性的变化，即从北向南、从公认的高收入国家转向亚洲和南美洲的新兴经济"强国"。

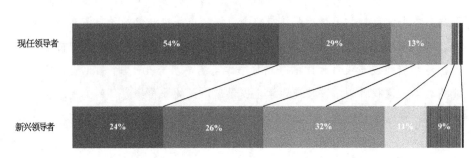

图6　工程教育领域"现任领导者"和"新兴领导者"的地理分布情况

这些"新兴领导者"院校得以快速发展主要是因为政府战略性参与工程教育改革，对本科工程课程计划进行了战略性投资，这些政府行为的核心目标是推动国民经济增长。值得注意的是，"新兴领导者"的代表性国家包括了新加坡（人口：560万）、智利（人口：1800万）和荷兰（人口：1700万）等相对较小的国家。

尽管南美洲只有一所大学进入"新兴领导者"的前十名，但第一阶段受访者一致认为巴西、哥伦比亚、墨西哥和智利的一些其他院校正在成为"新兴领导者"。其中智利正在进行的转型变革令人印象深刻：

"我看到智利各地的大学（从最顶尖的研究型大学到中型的地区性大学）都做出了令人惊叹的事情……这是一种不懈的努力，不仅要有远见，而且必须要脚踏实地地推动当前的工作。"

近1/3的"新兴领导者"大学位于亚洲。一位思想领袖指出："东南亚高等教育正在史无前例地扩展，工程教育是其发展的核心。这些地方将会创造出一些非常有意思的事情。"的确如此，正如大学高层管理者或系主任们经常谈及的：

"……最近我们花了很多时间关注亚洲地区……其他国家也都不甘落后，许多亚洲大学已经强烈意识到研究力量需要与教学力量相平衡，而且目前确实存在这样的改革机会。"

思想领袖们反复重申的一个观点是，尽管"其教学和课程还未达到最先进的水平"，但是许多亚洲一流大学的发展速度和方向是非常令人振奋的。许多学者指出，中国和韩国对工程教育的长期巨额投入以及印度新私立大学的快速发展将会带来潜在的颠覆性影响。同时，新加坡是最受关注和讨论度最高的。有超过60%的受访者至少将新加坡四所院校之一（新加坡科技与设计大学、新加坡国立大学、南洋理工大学和新加坡理工学院）确定为工程教育"现任领导者"或"新兴领导者"。受益于政府的强力支持和对高等教育的长期投资，新加坡被认为是"一个可以创造历史的国家"，那里的大学具有独特的"与他人合作的前瞻性意愿"。

除了工程教育新兴领导者所处地理位置发生显著变化之外，部分思想领袖认为，未来全球工程教育将持续呈现出多元化格局，尤其是除了"高声誉"大学以外的院校。一些受访者预测，这些院校将会追求建立具有独特性和聚焦性的新制度体系，从而为报考学生和毕业生用人单位提供一个更加明确的教育市场："要参与竞争，你就需要知道正在填补什么样的细分市场。"正如另一位受访者所说：

"大学将要做出明确选择，是成为面向科学与技术还是面向工程与设计的大学，是采用在线教育还是线下教育，是注重产业实践还是基础研究。"

这种发展模式对在招生市场中面临竞争激烈的大学尤为重要。在这种情况下，大部分"新兴领导者"院校将会基于学校的招生规模、教学重点以及毕业生职业发展重点提供一种"定位明确"的工程教育课程计划。典型的案例包括新加坡科技与设计大学（参阅附录B）、欧林工学院、明尼苏达州立大学曼卡托分校（铁矿工程项目）和查尔斯特大学工程学院（参阅附录D）。一些受访者认为，这种发展模式不太可能蔓延到大型的研究型大学："大学排名是多元化发展的一大障碍。大学非常注重声望，而声望源于研究绩效。这些研究型大学无法采用这种模式，它们无法太过聚焦于教学实践。"

4.3.2　工程教育未来领导者的教育重点

基于前两个阶段中收集到的证据，研究对未来世界一流工程课程计划中共有的特色课程经验进行了预测。很多工程教育"现任领导者"的课程呈现出明显的关键特征，包括以用户为中心的设计、技术驱动的创业精神、基于项目的主动学习和对工程领域"基础理论知识"的硬性要求，这些关键特征将会继续存在。除此之外，其他五个课程特征正在突显出来。

·**学生的选择权和灵活性**：受访者认为，"工程学院不再将工程专业学生仅仅视为科学家和未来的博士生"，这就为学生提供了一系列不同的学习路径，"以这种方式教育学生会使其更适应未来的职业发展。"一位受访者谈道：

"在基本的核心课程之外，我们可以引入更多竞争性主题课程，如创业精神、服务性学习……让学生探索实习活动、研究方法等方面，从而让他们选择适合自己才能和兴趣的发展路径。"

·**多学科学习模式**：受访者指出，无论工程领域内外，跨多个学科的知识整合和高效工作的能力，越来越被视为所有工程学科毕业生都应具备的基本技能。

·**工程师的社会角色、责任和伦理**：受访者认为，工程师在应对社会所面临的水资源短缺、空气污染和向非碳产业转变等系列挑战时，将日益发挥关键作用。可以预见的是，这种变革重点将会越来越体现在工程课程体系中，"把更多的精力放在解决人类和社会所面临的挑战和问题上"将成为世界一流工程课程计划的标志。

·**全球化视野与经历**：工程学院将持续关注"全球化环境下工作技能"的开发，为学生提供一系列跨国和跨文化的工作机会。需要指出的是，"大多数美国工程学院在全球化方面还有很长的路要走。我们没有为学生提供他们所需要的全球化体验，在这方面已远远落后于其他一些国家"。

·**学生体验的广度**：受访者预计，工科学生在学习中将有多样化的选择机会，从而使他们能够在传统工程学科之外增加学习的广度。受访者还提到课外体验正受到越来越多的重视，如基于工作内容的学习。

上面列出的五个主题体现了"新兴领导者"院校的显著特征，而这些特征正被贯彻于其课程体系中。例如，智利天主教大学新本科生课程计划重点强调多学科学习、以用户为中心的设计、创业精神和社会影响力（见附录A.4.7），而美国欧林工学院主要采用以学生为中心、基于项目的教学方式（见附录A.4.1），这种方式提供了以学生为中心的多学科教育，涵盖了传统工程学科以外的其他领域，并强调社会伦理和社会责任等议题。专栏6还提供了另一个案例研究院校——伦敦大学学院工程学院的情况，附录C对其进行了详细探讨。

需要指出的是，上面所列出的教育特征与方法并非是变革式创新，例如设计面向社会的跨学科课程，以帮助学生获取广泛的社会体验，这是全球许多工程课程计划的普遍性做法。在讨论未来几十年全球最佳工程课程计划的代表性教学方法时，第一阶段的思想领袖这样评论：

"在这条道路上我没有看到任何出色的新技术。我们已经有新想法，正在丰富相关的理论。我们需要做的是将它们有机结合，以使教育模式变得更好。"

专栏6. 伦敦大学学院工程学院的综合工程计划

2014年设立的综合工程计划（IEP）代表了伦敦大学学院工程学院对本科生课程的全面系统改革。

IEP整合了工程学院的通用课程结构，所有工程学院的本科生在大一和大二时都采用这种标准化课程结构。该课程计划的核心在于提供一系列的"情境式"课程，以五周为一个周期，学生需要用四周时间主动学习专业知识和培养关键的工程技能，随后将这些专业知识和技能应用于一个为期一周的集中性设计项目。"情境式"课程通常会利用与行业、慈善机构和地方社区的外部合作伙伴关系，要求学生"解决实际的工程问题"。随着学生学习的不断进步和深入，"情境式"课程的设计会变得越来越复杂并具有开放性。

IEP还广泛设计了一系列基于团队的项目，这些项目将整个工程学院近1000名学生全部聚集在一起。这些多学科项目以其聚焦全球化、社会性和伦理意识而著称，目的是提高工程学生应对复杂社会问题与挑战的能力，如"工程应如何为全球结核病疫苗做出贡献？"再如，在第二学年结束时，所有工程学科学生都被要求一起参加为期两周的"如何改变世界"团队式集中项目，这些项目旨为世界各地所面临的真实社会和环境问题设计出切实可行的解决方案。由世界银行和奥雅纳工程顾问公司等校外委托方设置的开放式任务，要求来自不同学科的学生组合成不同团队，学生不仅要考虑技术解决方案，还要考虑其解决方案所涉及的社会、环境和公共政策问题。

接下来将探讨工程课程计划的"串联"和在大规模范围内整合最佳实践体验的能力，这一挑战至关重要。

4.3.3　最佳实践的整合和规模化应用

第一阶段思想领袖的反馈和第二阶段案例研究结果表明，定义全球工程教育下一个篇章的关键性创新不太可能是新的教学技术或课程内容，而是如何在实践中对工程课程计划进行管理、构建和实施。与第4.2.2节所强调主题相呼应的是，第一阶段的思想领袖认为，工程教育领域的下一代领导者将会是那些将最佳实践整合于一个连贯完整课程体系中的院校，他们可以在有限预算内成功地向大规模学生群体提供课程。

被确定为"现任领导者"的很多大学都有一个显著的特征，即它们的工程教育最佳实践通常是孤立的，仅限于"局部"应用，与其余部分课程的联系十分有限。例如，尽管越来越多的一流大学将以学生为中心的真实体验纳入其课程计划中，这些体验包括以用户为中心的设计项目、工作场所实习或基于社区的社会创业模式，但这些项目仅仅是作为"强化"辅助活动。第一阶段的思想领袖反复指出，在世界各地的工程学院中，这些体验式活动的价值并未被充分发掘，因为它们与其他的课程体验并没有形成有机联系，学生们没有被真正鼓励在其他学科课程计划中思考和运用已经所学到的知识和技能。用一位受访者的话来说："学习并没有被情境化，学生没有在体验中获得最大限度的收益。"

与"现任领导者"相比，被确定为"新兴领导者"院校的显著特征是采用了整合化、标准化的教育教学方式。在大多数情况下，他们的课程是从"零基础"开始设计，或者是系统性教育改革的成果。在工作中学习以及与社会紧密联系的设计项目等学习体验是该课程计划的核心。这种体验式课程为学生提供了一个情境化平台，使其能够自我反思并在课程的其他领域应用所学知识与技能。然而，许多诸如此类的教育案例，如欧林工学院和明尼苏达州立大学曼卡托分校（铁矿工程项目）都只能面向规模相对较小的学生。因此，定义工程教育新篇章的关键创新很可能是能够在大规模范围内整合这些功能的管理机制，即在预算有限的条件下面向大规模学生群体并提供体验式课程的创新机制。一位思想领袖指出：

"工程教育演化发展的下一阶段，要求我们必须想明白如何大规模实现这种高质量的教育。"

第二阶段的案例研究指出，许多范例院校提供了一种模式，该模式将一系列有内在联系的设计项目"串联"起来以实现课程的连贯性和综合性。例如，新加坡科技与设计大学的课程（在专栏5中有详细总结）扎根于多学科的设计项目，这些项目将各门课程和各学年的学习过程进行了情境化整合。另一个案例是伦敦大学学院工程学院的课程体系（在专栏6中有详细总结）。

第一阶段的思想领袖认为，从长远来看，越来越多的世界一流工程课程计划将校外个性化在线学习和校内实践体验学习相结合，向大规模学生群体提供以学生为中心的学习。

通过这种方式，"大多数工程学科基础知识将实现在线获取"，同时"大学之间将更多地开展资料共享"以降低课程开发成本。正如第一阶段的思想领袖所指出的那样：

"未来的工程教育领域将会以学生为中心，利用资源加强团队项目和真实体验，而讲授型课程主要采用在线学习模式。"

"这些新内容将改变现有格局。借助在线内容和独特的模式，它们将成为推动工程教育整体格局变化的一股颠覆性力量。而在五年前，我并没有这种感觉。"

尽管对当前的在线工具能否为"每个学生提供个性化学习路径"依然存在怀疑，但许多院校基于"在线教育技术会很快满足我们需求"的假设，已经在工程教育管理模式方面进行了改革，正在形成一种校外在线学习与校内主动学习相结合的混合模式。其中有一个引人注目的案例——澳大利亚查尔斯特大学工程学院的新课程计划，专栏7和附录D将对此课程计划进行深入探讨。专栏8提供了另外三所一流大学的案例，这些大学目前正准备开发在线平台，提供工程课程"内容"，并将之与校内集中性任务和项目结合起来，以形成嵌入式和情境式学习模式。

专栏7. 澳大利亚查尔斯特大学工程学院

查尔斯特大学的新工程本科课程计划于2016年发布，思想领袖们称之为"对工程教育的未来趋势进行了彻底的重新思考"，"如果他们能够实现的话，将会形成非常大的影响力"。那些将查尔斯特大学工程学院列为全球工程教育"新兴领导者"的受访者在谈及这所学校采用校内学习与在线学习相结合的混合式教学方式时，几乎所有人都对这种模式的可迁移性倍感兴趣。

这项为期五年半的课程计划，包括18个月的校内学习（围绕一系列项目式任务构建），以及长达四年的寓学于工的校外学习。几乎所有的"技术工程内容"（包括知识和技能）都可以在线获取，学生在需要时可以随时进行访问。基础性的工程专业课程被分解为一组在线"主题"，以"小型模块"而非学期长度的课程形式，促使学生们实现自主学习。通过与一家商业公司合作，查尔斯特大学工程学院创建了一个定制化的在线平台，该平台为学生提供了一张可视化地图，能够厘清各主题之间的从属关系，并允许学生根据自己的兴趣或在项目式任务以及工作实习中所遇到的特定问题，来确定其想要学习的新课程主题。

专栏8. 采用在线学习和校内学习混合模式的工程课程计划

美国明尼苏达州立大学曼卡托分校（铁矿工程项目）（IRE）也是新工程课程计划的一个范例，它正在对其现有课程进行调整，以涵盖在线学习和校内学习的混合模式。IRE被定义为工程教育"新兴领导者"，因为它采用了问题导向型以及亲身实践的教学方式，这一方式被描述为"一项真正创新的课程计划，是值得关注和令人惊奇的改革"。目前，IRE正在开发其2.0版本的新课程计划，将是一种"成本显著低于学费的低成本运行模式"。新课程计划不会将产业提供的项目现场教授给学生，而是让学生主动融入行业，致力于真实的工程项目。很大一部分的学习将采用在线形式。作为一个四年制的本科学位课程计划，明尼苏达州立大学曼卡托分校（铁矿工程项目）2.0版本计划每年稳定招收125名学生，较目前25名学生的招生规模大幅增加。

丹麦奥尔堡大学被定义为工程教育的"现任领导者"。该校将在未来三年内投资超过900万丹麦克朗（约150万美元），用于开发"面向数字时代的问题导向型的学习新模式"，并计划在全校范围内实施。该模式拟将混合式教学方法引入问题导向型的学习情境中，包括现实情境项目、国际化项目和在线学习形式的组合。

墨西哥蒙特雷理工学院排在"新兴领导者"院校前十名之后。该校近年开发了Tec21课程[①]，该课程围绕一系列基于设计的任务来构建。每个任务都与一组"先行能力"相关，这就要求学生自主研究、与竞争性用户群进行互动讨论，并注册、学习与任务模块相关的工程知识，大部分内容将通过在线学习来完成。

---

① 蒙特雷理工学院 Tec21 课程，http://modelotec21.itesm.mx/index.html

本章指明了在未来工程教育体系中发挥关键作用的三种可能性趋势，即全球工程教育领导力轴线正在发生位移、工程课程体系应与社会紧密关联并面向外部需求以及出现了一批能够规模化实施一流整合性工程教育计划的大学"领导者"。尽管本研究主要关注工程教育，但是整个大学界都可能存在这些趋势。因此，在应对21世纪大学所面临的重大挑战时，工程教育将会扮演举足轻重的角色。工程教育很有机会成为高等教育发展的催化剂和领航者，它将成为发展和传播最佳教育实践的孵化器。

附录 A
第一阶段背景信息和反馈结果

附录 A 提供了本研究第一阶段的背景信息和反馈结果，分为五个部分：

1. 第一阶段参与访谈的 50 名思想领袖的姓名和所在单位（第 A.1 节）

2. 第一阶段中用到的核心访谈问题（第 A.2 节）

3. 第一阶段中对于教育质量和影响的非正式评价的反馈（第 A.3 节）

4. 思想领袖对一流大学的访谈反馈（第 A.4 节）

5. 12 所一流院校的数据特征（第 A.5 节）

A.1 第一阶段参与访谈的50名思想领袖

表2列出了本研究第一阶段参与访谈的50位思想领袖。每个人的职务和所在单位都是他们在接受本研究访谈时的信息，访谈于2016年9—10月进行。

表2 第一阶段参与访谈的50名思想领袖

姓名	所在单位
Cristina Amon	加拿大多伦多大学应用科学与工程学院院长
Pernille Andersson	丹麦技术大学教育发展高级行政官
Cynthia Atman	美国华盛顿大学工程学与教学中心主任、以人为本设计与工程系教授
Caroline Baillie	西澳大利亚大学工程教育系主任
Mary Besterfield-Sacre	美国匹兹堡大学工程教育研究中心副教授兼主任
Souvik Bhattacharyya	印度比尔拉科技大学副校长兼高级教授
Jenni Case	南非开普敦大学工程教育研究中心学术发展教授
Cha Jianzhong	联合国教科文组织高等工程教育与产业合作主席、中国北京交通大学机械工程系教授
Peter Childs	英国伦敦帝国学院戴森设计工程学院院长
Chou Shuo-Yan	中国"台湾科技大学"工业管理杰出教授兼物联网创新中心主任
Robin Clark	英国阿斯顿大学工程与应用科学学院学与教中心副院长
Edward Crawley	美国麻省理工学院航空与航天系教授
Uriel Cukierman	国际工程教育学会联盟主席、阿根廷国家技术大学教授
Juan Carlos de la Llera Martin	智利天主教大学工程学院院长
Kristina Edstrom	瑞典皇家理工学院工程教育发展机构副教授
Richard Felder	美国北卡罗莱纳州立大学化学工程系名誉教授
Norman Fortenberry	美国工程教育学会执行理事
Jeffrey Froyd	美国得克萨斯州农业与机械大学工程学院教授

续表

姓名	所在单位
David Garza	墨西哥蒙特雷技术与高等教育学院学术副院长
Emeritus Peter Goodhew	英国利物浦大学工程学院名誉教授
Roger Hadgraft	澳大利亚悉尼科技大学教与学中心副院长、教育创新与研究主任
Anette Hosoi	美国麻省理工学院机械工程系教授、副主任
Leah Jamieson	美国普渡大学工程系主任
Aldert Kamp	荷兰代尔夫特理工大学航空航天工程学院教育主任
Robin King	南澳大利亚大学教授、澳大利亚悉尼科技大学兼职教授
Anette Kolmos	丹麦奥尔堡大学教授、联合国教科文组织基于问题学习工程教育主席
Benjamin Koo	中国清华大学工业工程系副教授
Anastassis Kozanitis	加拿大蒙特利尔魁北克大学教授
Euan Lindsay	澳大利亚查尔斯特大学工程学客座教授
Tom Litzinger	美国宾夕法尼亚州立大学莱昂哈德工程教育促进中心主任
Thomas Magnanti	新加坡科技与设计大学校长
Johan Malmqvist	瑞典查尔姆斯理工大学教育学院院长、产品开发系教授
Rick Miller	美国欧林工学院院长
John Mitchell	英国伦敦大学学院工程学院教育副院长
Khairiyah Mohd Yusof	马来西亚工业大学工程教育中心教授兼主任
Lueny Morell	Lueny Morell & Associates 联合公司主席、Innova HiED（高等教育创新公司）总裁
Gerhard Müller	德国蒙克技术大学，地球与环境工程学院结构力学系主席
Angélica Natera	美国哈佛大学美洲学术和专业计划执行主任
Ishwar Puri	加拿大麦克马斯特大学工程学院工程系主任
Seeram Ramakrishna	新加坡国立大学纳米纤维与纳米技术中心教授兼主任
Sheri Sheppard	美国斯坦福大学机械工程学教授

续表

姓名	所在单位
Ashok Shettar	印度布马拉迪工程技术学院院长
Song Sung Jin	韩国成均馆大学工程学院院长兼创新工程教育中心主任
Tarekegn Tadesse	埃塞俄比亚亚的斯亚贝巴科技大学校长
José Torero	澳大利亚昆士兰大学土木工程学院院长
Ron Ulseth	美国明尼苏达州立大学曼卡托分校（铁矿工程项目）课程主任
Jan Van der Veen	荷兰特温特大学 3TU 工程教育中心主席兼副教授
Krishna Vedula	美国卫萨诸塞州大学洛厄尔分校名誉院长、印度通用工程教育合作组织高级行政官
Martin Vigild	丹麦技术大学高级副校长兼院长
Jorge Yutronic	智利科学、技术、创新和高等教育顾问

A.2 第一阶段访谈问题

以下是研究第一阶段每次访谈提纲中的核心问题。每次访谈之前都会将问题发送给相关受访者。

1. 就教育教学的设计、质量和影响力方面而言，您认为哪5～6所大学是当前全球工程教育领导者？具体到每所大学，您认为它们成功的最重要因素有哪些？

2. 您认为哪5～6所大学是全球工程教育新兴领导者（有潜力在未来几十年中走在教育实践的前沿）？具体到每所大学，它们在哪些方面给您留下最深刻的印象？

3. 您使用了什么标准或指标来确定这些全球领导者？

4. 您如何看待未来十年全球工程教育的变化？您预计在2025年，全球一流工程教育课程计划会表现出哪些共同特征或主题？

5. 您认为什么会成为制约未来十年工程教育改革发展的主要挑战或障碍？

6. 您认为世界上哪几所大学采取了有效的方式来评估其课程计划对学生学习结果的影响，或者评估其教育改革的影响？

7. 您可以推荐一下能够成为本研究访谈对象的其他人选吗？

近一半的访谈提纲还包含了其他问题。这些增设的问题在适当的情况下用于：（1）考察受访者所在院校的教育愿景与教学方式；（2）探讨与受访者专业领域相关的特定主题（如工程设计、在线学习或教育改革影响的评估）。

A.3　工程教育质量的非正式指标

研究第一阶段要求思想领袖指出他们用于评判其他院校教育质量的非正式指标类型。思想领袖们一致认为三种类型指标可用于评估教育质量：

· 大学毕业生的质量和影响力；

· 学生学习期间获得的"附加值"；

· 大学提供世界一流教育的能力。

以下各小节依次讨论了这三种类型的指标（在第2.3节专栏3中有详细总结）。但需要指出的是，第三个指标——大学提供世界一流教育的能力是思想领袖最常用于确定工程教育"现任领导者"和"新兴领导者"的指标。

A.3.1　大学毕业生的质量和作用

毕业生的职业发展情况和影响力被视为衡量本科课程计划质量的重要指标，建议使用的指标包括：

· 毕业生"对其所在国家社会和经济发展的影响力"；

· 毕业生"具备当前和将来产业所需能力"的程度；

· 毕业生"十年之后的职业前景"。

此类指标的简化版本（包括毕业生的就业能力和收入指标）通常被纳入国家大学排名中，并被认为是外部观察者区分同行院校教育质量的指标。

然而对于使用这些跨院校对比指标确定全球最佳课程计划的做法，人们依然持怀疑态度。这种怀疑态度源于学校的招生质量会对毕业生成果产生影响。一些思想领袖认为这些"成果性指标"的使用，已经为许多世界顶尖研究型大学（拥有优质生源的大学）的教育质量赢得了声誉，但他们的良好教学水平并未得到证实。正如一位受访者所言：

"（来自这些院校的）毕业生之所以在毕业时表现出类拔萃，是因为他们入学时就这样，还是因为他们入学后学校帮助他们产生了变化？……我们无从知晓，因为我们没有工具严格审视这个问题。"

另一位受访者评论道，"目前尚不清楚'精英'大学在高层次人才选拔之外，是否发挥了更大的作用"。但也有受访者认为，在一个"大多数工程院校课程体系大致相同"、工程教育市场几乎没有差异的时代，人们对校外教育实践和优先教学重点的关注有限，用"产出质量"来衡量的方式是恰当的。

然而，有部分受访者指出，工程教育的格局在过去五年里发生了巨大的变化，在顶尖研究型大学之外出现了前沿的教育实践且正日益得到普及。一位受访者评论道：

"下一代工程教育的领导者大学可能不是招收最优秀学生的地方，这些学校会做任何它们感兴趣的事，因为从实际情况来看，它们总能做得很好，它们可能会处在研究排名中较低的位置，可能没有出类拔萃的学生，但学校会和学生一起做一些很不寻常的事情。那些学校才是人们找出解决问题方式的地方，因为他们在探索真正的教育！"

在这种情况下，受访者指出他们对丹麦奥尔堡大学、澳大利亚查尔斯特大学等院校产生了极大的兴趣，认为这些学校满足了"更具典型性的工程学科学生"的需求。例如，一位受访者解释他将查尔斯特大学定义为"新兴领导者"是因为"这些学校的生源并不被认为具有最强的能力。如果是在麻省理工学院，那么寻找学生的内在驱动力就变得十分简单，因为去麻省理工学院学习的人已经具备了高素质。但是，查尔斯特大学正在试图催发大学新生的内在驱动力，而这些学生在一开始并不一定具备内在驱动力"。

A.3.2　大学为学生学习提供的"附加值"

许多受访者认为，衡量工程教育课程计划质量和影响的"黄金标准"是学生在学习过程中是否获得"增量"或"增值"。这些观点在有关衡量高等教育"增

值"的广泛讨论中有所体现。[①-③]

然而，人们普遍认为，"我们只是缺乏对工程课程计划中'增量'进行客观评估所需的具有质量和广度的数据。这是工程教育下一个重大的前沿课题"。另一位受访者指出，衡量"增值"的影响力是"高等教育中一个有很大缺失的环节，因为要实现这件事，你需要得到有力的支持，需要收集数据形成一个基准线，并且需要持续地收集数据。问题是在工程教育过程中，谁将会去做这件事情？"

A.3.3　大学提供世界一流教育的能力

近90%的思想领袖都认为，大学提供世界一流教育的能力可以作为他们判定"现任领导者"和"新兴领导者"的依据。如上所述，这样做的部分原因是缺乏其他与教育质量有关的可靠性数据。大学提供世界一流教育的能力特别强调三个维度：

·大学领导力或教育责任；

·教育文化；

·大学影响教育实践的能力。

下面会对这些维度进行探讨。这些内容需与"现任领导者"和"新兴领导者"教育方式相关的反馈意见一起阅读（请参阅第4.1节）。

A.3.3.1　大学的领导力和教育责任

大学的领导力和教育责任被认为是大学提供世界一流教育能力的基石。许多受访者对大学的一些特征进行了思考，这些特征可以被看作一所大学教育责任的指标，包括：

·支持、传播和认可卓越教学的过程，例如教师教育培训的质量和普遍性，或在教师职业发展中对教育的认可程度。查尔姆斯理工大学、代尔夫特理工大学

---

① McGrath, C. H., Guerin, B., Harte, E., et al., 2015. Learning Gain in Higher Education, RAND Corporation, http://www.rand.org/pubs/research_reports/RR996.html

② AASCU, Spring 2006. Value-added Assessment. Perspectives. Washington, DC: American Association of State Colleges and Universities, http://www.aascu.org/uploadedFiles/AASCU/Content/Root/PolicyAndAdvocacy/PolicyPublications/06_perspectives(1).pdf

③ Nusche, D., 2008. Assessment of Learning Outcomes in Higher Education: A Comparative Review of Selected Practices, OECD Publishing, http://www.oecd-ilibrary.org/education/assessment-of-learning-outcomes-in-higher-education_244257272573

和新加坡国立大学因为这方面的影响力备受关注。

·投资学习空间，支持和发展以学生为中心的教学方法。受访者反复列举的案例包括清华大学工程实践中心和丹麦技术大学新型灵活教室空间的投资和建设。

许多受访者就如何理解"少数关键领导人的愿景和抱负"与大学发展和保持世界一流工程教育能力之间的直接联系进行了阐述。在全球工程教育发生重大变革的时代，这种领导力被认为至关重要。一位受访者评论道：

"我得到了世界各地鼓舞人心的消息，工程教育需要进行变革的思想正在成为主流。虽然还存在一些担忧，但变革所需要的先决条件正在世界各地不断酝酿成熟。而这些改革需要一个领导者来践行，毕竟有勇气又富于魅力的人并不多。"

正因为如此，许多人指出，那些获得世界显赫地位的领导者大学，往往与一至两位变革领军人物的连任密切相关。

"大学自身不会带来变革，带来变革的是人……对任何一所大学而言，如果有两三个关键人物要离开学校，可能并不会影响这所大学继续进行其当前正在做的事情，但这些人会影响到事情的持续向前推进。"

事实上，许多"现任领导者"和"新兴领导者"的成功一度被归因于某些特定领导人的才能，例如斯坦福大学、查尔斯特大学、丹麦技术大学、代尔夫特理工大学、查尔姆斯理工大学、智利天主教大学和伦敦大学学院。

A.3.3.2　教育文化

在确定一个大学是"现任领导者"或"新兴领导者"时，受访者经常谈到大学"独特的教学文化"。其中有三个要素反复被强调。

·创新和前瞻性的方式。即"高校创新和尝试新事物的意愿"。许多人指出，教师和学校都需要一种教育创新的普适性文化——"准备好在教学中承担风险"的教师和"愿意并且能够相应地更改规章制度"的大学管理层。在这方面被反复提及的院校有亚利桑那州立大学、查尔斯特大学、欧林工学院、伦敦大学学院。智利天主教大学和明尼苏达州立大学曼卡托分校（铁矿工程项目）。

·教师对教育的态度。即工程学科教师"知晓、参与并与同事积极讨论教学"的程度。在诸如欧林工学院、代尔夫特理工大学和查尔姆斯理工大学等院校中，具有集聚效应的"对工程教育充满热情和见地的教师文化"多次被认为是关键因素。

· **基于证据的方法。** 即本科工程课程计划在多大程度上"建立在教育学术基础上，而不仅仅是做看起来可能是正确的事情"，并通过"对有效和无效工作的实证检验"来驱动课程，以"回应合理的批评"。普渡大学、奥尔堡大学和马来西亚理工大学等学校在教育课程和实践中采用了基于证据的方法，从而在众多院校中脱颖而出。

A.3.3.3 大学对校外教育实践的影响能力

大多数（78%）受访者认为，"影响其他学校教育实践的能力"是他们判定"现任领导者"和"新兴领导者"的关键因素，其中特别强调了两个要素。

· **大学在区域和全球层面主动传播、影响和改进教育实践的能力。** 一所大学在工程教育中的"外向型文化和外部参与的承诺"被视为该领域中当前和未来领导力的关键标志。在这些方面，一些院校表现突出，被反复提及（详见下文）。

· **大学的思想和实践向世界各地其他大学的可转移能力。** "扩展、转移并成为其他课程计划的榜样"，一些受访者认为这样的工程教育方式是全球领导力的重要基础。在谈到"世界一流大学应该始终为精品课程计划设立一个可以培育新思想的落地之所"时，许多受访者认为，"所谓世界一流大学，意味着这些学校正在关注其他的工程课程计划所面临的问题并且为此付诸行动。这就意味着这些学校在经费有限的情况下，依然要面向多样化的大规模学生群体开展具体工作"。许多受访者得出结论，全球工程教育领导者的地位更应该属于那些在学生质量、生源和人数规模等方面能体现全球"标准"大学，这样会有利于将这些学校的理念和实践移植到其他地方。因此，许多思想领袖对智利天主教大学、伦敦大学学院、亚利桑那州立大学、普渡大学和奥尔堡大学的教育模式更感兴趣。

致力于对其他地区教育实践活动产生影响的大学：

· 清华大学发挥自身的创新作用，促进了中国工科院校对教育改革的认识并支持高校教育改革的发展；

· 斯坦福大学、欧林工学院和麻省理工学院建立的正式与非正式校际合作伙伴关系以及拓展性的活动，影响了世界各地的工程教育实践；

· 奥尔堡大学和普渡大学形成了高质量的工程教育研究，促使其他地方了解改革，并启动改革；

· 新加坡国立大学、南洋理工大学和智利天主教大学等高校"对全球大学伙伴关系采取了开放包容态度"，为国际学生项目和学习机会提供支持。

A.4　针对一流院校的反馈

对于被确定为工程教育"现任领导者"或"新兴领导者"次数最多的一些院校，研究将精选出来的相关访谈反馈总结形成了一系列的概要（请参见第2.1节和第2.2节）。这些院校包括：

1. 欧林工学院（美国）

2. 麻省理工学院（美国）

3. 斯坦福大学（美国）

4. 奥尔堡大学（丹麦）

5. 普渡大学（美国）

6. 新加坡国立大学（新加坡）

7. 智利天主教大学（智利）

8. 明尼苏达州立大学曼卡托分校（铁矿工程项目）（美国）

9. 清华大学（中国）

尽管这些概要整体上平衡了受访者们的各种观点，并将重点放在普遍性的反馈内容上，但并没有包含批评性的反馈内容。对于那些较为年轻的院校，或者近期在教育改革下施行了新课程计划的院校，其概要内容还会涉及一些相关院校的背景信息。本节没有给出四个案例研究院校（新加坡科技与设计大学、伦敦大学学院工程学院、查尔斯特大学工程学院和代尔夫特理工大学）的相关信息。这四所院校的案例研究报告会在后续的附录中详细呈现（请参见附录B至附录E）。

A.4.1　欧林工学院（美国）

欧林工学院[①]成立于1997年，是一所专注于本科生工程教育的小型私立大学。学校实行以学生为中心的教育方式，强调体验式学习，使学生从广泛的学科基础中汲取灵感，完成设计任务。这种教育方式尤其突出了创业精神、主动探索和社会责任等相关主题。欧林工学院有着异于传统的学校文化和资源基础，学校没有聘期制度，也没有院系。只有经过严格选拔的少量学生可以进入该校学习。学校每年的招生计划只有80个名额，许多受访者在评论中谈道："欧林工学院所获得的声誉远超过它的学校规模。"许多受访者认为，欧林工学院的教育"汇聚了过去30年中，工程教育改革取得的所有进步。"因此，许多受访者都期待欧林工学院"从'精品学院'发展演变为一所能推动全球工程教育改革的大型院校"。

一半以上的受访者（尤其是来自北美洲和欧洲的受访者）将欧林工学院确定为工程教育领域的"现任领导者"，超过1/4的受访者（尤其是来自亚洲和南美洲的受访者）将该校确定为工程教育的"新兴领导者"。有7名受访者则认为欧林工学院既是"现任领导者"也是"新兴领导者"。

A.4.2　麻省理工学院（美国）

麻省理工学院[②]始终紧抓工程教育的前沿研究，把握工程教育研究人员的最新研究成果，通过开展"出色的工程教育，给学生提供了大量建构和整合知识体系的机会"而广为人知。许多受访者认为，"麻省理工学院吸引人的地方在于学校出色的师资水平和学生质量，这体现了学校教育的一种内生模式，确保了麻省理工学院培养出全世界最优秀的毕业生"。需要指出的是，许多人谈到该校"提供了一系列的体验课程，让学生以创业的方式来运用技术"。麻省理工学院对全球工程教育产生的影响是"无可比拟的"，该校在CDIO教育模式和edX项目[③]建设中表现出来的领导力，进一步加强了学校在全世界的重要地位。

---

① 欧林工学院，http://www.olin.edu
② 麻省理工学院，http://web.mit.edu
③ edX，https://www.edx.org

A.4.3　斯坦福大学（美国）

40％的受访者（和超过1/3美国以外的受访者）认为斯坦福大学是工程教育领域的"现任领导者"。强调创新设计和创业精神，是该校工程教育中最具影响力的重要特征。许多受访者特别指出，该校工程学院的学生规模不断扩大，目前已经占到了该校本科生总人数的39％。部分人把工程学院的规模扩张归因于"整个学校对发展创新设计和创业精神的推动，从而使大家内心的想法和思想观念都得到了改变"。受访者反复指出，斯坦福大学的工程课程计划具备"趣味性和试验性"，"培养了学生开放的思维"。许多受访者还认为，该校的工程课程计划得益于"斯坦福作为一所综合型大学，有能力提供全方位的教育服务，学生可以获得人文、外语学习以及成为主动参与者的教学体验"。

A.4.4　奥尔堡大学（丹麦）

从1974年学校建立开始，奥尔堡大学[1]的课程计划就完全采用了基于问题的学习方式。来自世界各地的受访者都认为该校采用的是"一种真正成熟的教育模式，这种教育模式具有影响力和变革性"，"该校的工程课程计划应该成为工程教育的标杆"。许多受访者在评论奥尔堡大学的成功经验时，认为该校充分利用了"项目设计中的真实情境或行业现实问题"，其课程计划有效地"让学生以主动模式，而不是以知识灌输模式"开展学习。

奥尔堡模式的一个重要特征，表现为该校课程计划间的证据互联及学校与全球相关院校的合作意愿。该特征也促使受访者们将奥尔堡大学确定为工程教育"现任领导者"或"新兴领导者"。许多受访者谈到了该校联合国教科文组织问题学习中心发布的教育研究质量报告，他们认为，无论是奥尔堡大学基于问题的学习方式、教育变革模式还是该校的课程计划评估方式，都为这所学校领导和影响工程教育提供了重要支撑。

A.4.5　普渡大学（美国）

普渡大学[2]的许多因素都促使受访者将该校确定为工程教育"现任领导者"。

---

[1]　奥尔堡大学，http://www.en.aau.dk
[2]　普渡大学，http://www.purdue.edu

一些受访者谈及了该校工程教育系实施的"一年级本科生课程计划的质量",以及对全球工程教育本科课程改革具有重大影响的EPICS[1]课程计划。其他受访者们则提到了普渡大学在"探索如何大规模开展实践学习"方面的领导地位。例如,普渡大学要求全部2000名工程学生"在四年中有一次重要的实践体验,具体可以通过实习、产学合作、拓展性服务学习、本科生研究项目或海外交流学习等方式进行,时长不得少于一个学期"。

在全球工程教育共同体建设过程中,普渡大学及其工程教育系[2]发挥了重要作用。许多受访者都谈到了该校工程教育系开展的高质量学术研究,这些研究对普渡大学和世界其他地区的工程教育改革和学术研究的态度都产生了重大影响。

A.4.6　新加坡国立大学(新加坡)

新加坡国立大学[3]的创新与设计课程计划[4]是该校工程本科生课程计划中,被受访者们提及最多的一个特色项目。该课程计划设立于2009年,以选拔方式招收学生,通过设置真实的多学科设计任务,给学生提供了实践的机会,培养学生的创业精神、创造力和领导力。

受访者们还多次强调了该校工程本科生课程计划其他方面的情况,包括其课程的灵活性("有大量的必修课和选修课可供学生选择"),以及课程计划中"明确会为学生提供一次真正的国际化教育体验……有70%的本科生可以前往国外的大学进行不少于一个学期的交流学习。"事实上,该校"主动开展国际合作",这种开放性引起了受访者的广泛讨论,并被认为是该校能够"成功吸引全世界大量最优质生源和师资"的重要原因。在过去的十年里,该校工程学院全面应用了教育改革的发展成果,此举是学校在"致力于深化建设优质教学"的背景下所开展的一项"了不起的大胆实践"。

A.4.7　智利天主教大学(智利)

智利天主教大学[5]是南美洲顶尖的研究型大学之一。2011年,该校的工程学

---

[1] 普渡大学 EPICS 课程计划,https://engineering.purdue.edu/EPICS
[2] 普渡大学工程教育系,https://engineering.purdue.edu/ENE
[3] 新加坡国立大学,http://www.nus.edu.sg
[4] 新加坡国立大学创新与设计课程计划,http://www.eng.nus.edu.sg/edic/dcp.html
[5] 智利天主教大学,http://www.uc.cl/en

院启动了一项名为"三叶草2030"的重要改革计划，该计划涉及工程学院包括研究、教育和技术转移在内的全部职能。受访者们着重指出，"该校工程学院的开拓性愿景……为学校成为区域性和全球性杰出的工程教育领导者奠定了基础"。

"三叶草2030"计划摆脱了智利传统的工程教育模式，将主要以教师为中心的六年制课程计划，转变为力求以学生为中心的教育模式。"三叶草2030"计划强调多学科性、以用户为中心的设计、社会责任以及学生的灵活性和选择权。受访者们还提到，该计划的课程强调要"与（智利国内外的）企业和社会建立更深层次的关系"，这在工程学院给学生提供的许多项目和体验中都有所体现。贯穿课程体系的重要主题还有创业和创新，比如"研究、创新与创业"①课就提供了这种体验。这门课开设在课程计划的第三年，要求跨学科学生团队针对智利在住房、废弃物处理和医疗不平等等领域面临的主要问题和挑战，开发出以技术为核心的解决方案。学生在应对这些问题和挑战时，通过与用户群体进行广泛的交流，进而设计和制定解决方案。该校的工程学院还投资建设了一系列新的多学科学习空间、创客空间，并建立了工程教育系，为学院课程体系的发展提供了徇证基础。

A.4.8　明尼苏达州立大学曼卡托分校（铁矿工程项目）（美国）

明尼苏达州立大学曼卡托分校（铁矿工程项目）②的课程计划主要面向社区学院的学生，是一个由四年制工程本科生计划中的后两年课程构成的高年级课程计划。虽然该课程计划的学生在社区学院中学习，但可以获得明尼苏达州立大学曼卡托分校认证的学位。该课程计划于2009年首次招生，目前每年的招生人数固定在25名。为期两年的课程计划没有开设传统的课程，而是全部采用基于问题的学习方式，由一系列时长为一学期的企业资助项目构成。每个学期初会要求学生确定自己的学习目标、在各个项目中的学习成果以及打算如何实现以上目标。每个项目结束时，会要求学生提交一份设计报告和一份学习报告。所有的考试均以口头汇报方式进行，由多元化的专家小组对汇报内容进行考核。该课程计划的一个重要组成部分就是学生的自主学习，特别强调学生的自我反思。事实上，这项

①　智利天主教大学的"研究、创新与创业"课，http://www.ingenieria2030.org/outcome/research-innovation-course/
②　明尼苏达州立大学曼卡托分校（铁矿工程项目），http://ire.nhed.edu

课程计划要求学生在两年过程中，记录并提交150项左右体系化的自我反思。课程计划重点强调"记录每个学生特有的学习过程"，在此基础上，持续不断的自我反思将有助于指导和影响学生在面对项目、个人能力培养、专业发展和工作方式等的选择时做出正确决策。该课程计划还重点强调了对专业性的要求，包括着装标准、学生与企业职工交流中的相关专业规范和"专业化实践模拟"的学习环境。

许多受访者评论该课程计划是"一种建立在优秀学术成果基础上的真正的创新模式，但至今还未得到广泛的宣传和应有的赞誉"。正如一位受访者所评论的，"他们一开始并没有招收到那些百里挑一的学生，而是将那些未考取知名工程院系的学生招了进来。在两年内，他们把这些学生打造成了具备独立学习能力的人……这真的是太不可思议了"。

A.4.9 清华大学（中国）

许多将清华大学确定为全球工程教育"新兴领导者"的受访者评论说："要是在若干年前，我是不会把清华大学写在推荐名单里的。但是在过去的五年里，清华大学发生了很大的变化。"清华大学能够在全球著名研究型工程大学中占有一席之地，"源于该校对探索工程教育改革的重视"。有报道特别指出，清华大学在推动整个中国工科院校的教育改革中发挥了领导性的作用，同时该校还参与了建设"国家科技创新能力"的国家支持项目。清华大学近年还成立了联合国教科文组织工程教育中心[①]，这个中心的建设将进一步提升清华大学在中国工程教育领域中的领导作用。

许多受访者，特别是来自亚洲的受访者们，评论了清华大学在开展教育改革中展现的魄力和包容性："清华大学具有开拓精神，也愿意做出新的变化。尽管学校以自上而下的方式进行改革，但对于（教师们）提出的好点子，学校也会进行尝试。该校积极支持引入多种不同教学方式，给我留下了深刻的印象……清华大学的做法还得到了中国政府的大力支持。"受访者们对工程教育领域这支新兴力量的多个方面都做了具体的阐述。其中，最值得注意的是该校对新建楼宇和创客空间的投入，反映出该校越来越重视将技术驱动下的创业和创新教育贯穿于课

---

① 国际工程教育中心，http://www.unesco.org/new/en/media-services/single-view/news/unveiling_of_international_centre_for_engineering_education/

程体系内外。许多受访者还谈到了"学校课外活动的爆炸式增长"，在一些受访者看来，这可以折射出清华大学将工程教育更深层次地转变为以学生为中心的体验式教育模式。在这种教育模式下，"许多教授给学生提供了进一步拓展的空间，帮助他们在成为工程师的基础上，进一步成为领导者"。正如一位受访者所评论的："清华大学最打动我的是它的学生团体，比如创新俱乐部、创业俱乐部、飞行俱乐部等，学生们可以自主领导团队项目，他们的能力也得到了快速的发展。这些学生团体十分强大并且充满激情……它们不断地进行变化发展。"

A.5　工程教育一流院校的特征化数据

本节提供了全球一流工程课程计划的基本情况数据。

这些工程课程计划是由思想领袖们在研究第一阶段中所确定的，共涉及12所院校，它们分别是：奥尔堡大学、查尔斯特大学、明尼苏达州立大学曼卡托分校（铁矿工程项目）、麻省理工学院、新加坡国立大学、欧林工学院、智利天主教大学、普渡大学、斯坦福大学、新加坡科技与设计大学、代尔夫特理工大学和伦敦大学学院。

研究对上述12所院校的相关指标数据进行了逐一搜集，如下所述。

·**院校名称和所在国家**。

·**考察单位**：用于明确是院校中工程学院的相关数据，还是整个院校（工程专业技术大学）的相关数据。

·**本科生学位计划的学制**：完成工程本科生学位计划（包括本科生学位计划、本硕联合培养学位计划）所需年数。

·**本科生招生人数**：工程新生（通常一年级）的人数。由于12所院校的一流工程课程计划在学制上各不相同，分别从两年到五年半不等，因此相对于各院校工程本科生的总人数，考察单个年级的学生人数更有利于了解课程计划的规模。考虑到许多出色的课程计划或是新近建立的，或是已经受到了近年来学生人数增长的影响，所以各院校的新生群体（或首批申报工程专业的学生）是最适合选为样本的单个年级群体。

·**教师人数**：聘任制教师和终身教职教师（包括教授、副教授和助理教授）或领域内同等学历人员的总人数。

·**数据来源**：说明数据的来源渠道。绝大部分数据都是来自各个院校的公开发布平台。对于在公共数据平台上无法获取的数据，则通过直接联系相关院校获取。不同国家和不同院校对数据的搜集程序和"工程"一词涵盖的学科边界各有差异，这意味着相关数据可能无法进行严格的比对。基于这种考虑，表3列出了12所一流院校工程课程计划整体结构和规模等基本情况。表中的信息均为各院校2016—2017学年数据，另有说明的情况除外。

表3　12个一流工程课程计划所在院校的基本情况与课程计划规模的比较（2016—2017学年）

院校名称	所在国家	考察单位	本科生学位计划学制	本科生招生人数	教师人数	数据来源
奥尔堡大学	丹麦	工程与科学学院	3 年（理学学士学位计划）	1945	713	与学校的往来信函
查尔斯特大学	澳大利亚	工程学院	5.5 年（工程硕士学位计划）	28	7	与学校的往来信函
明尼苏达州立大学曼卡托分校	美国	铁矿工程项目	2 年（工程科学学士计划的最后2 年）	25	4	与学校的往来信函
麻省理工学院	美国	工程学院	4 年（理学学士）	839	379	美国工程教育学会发布的 2016 年麻省理工学院情况介绍
新加坡国立大学	新加坡	工程学院	4 年（工程学士学位计划）	1400	291	新加坡国立大学招生办公室发布的2016 年度报告和本科生招生情况总结
欧林工学院	美国	全校	4 年（理学学士学位计划）	80	45	与学校的往来信函
智利天主教大学	智利	工程学院	5.5 年（理学学士学位计划）	761	181	与学校的往来信函

续表

院校名称	所在国家	考察单位	本科生学位计划学制	本科生招生人数	教师人数	数据来源
普渡大学	美国	工程学院	4 年（理学学士学位计划）	2706	452	普渡大学工程学院的课程计划开展情况与数据通报
斯坦福大学	美国	工程学院	4 年（理学学士学位计划）	947	249	美国工程教育学会发布的 2016 年斯坦福大学情况介绍
新加坡科技与设计大学	新加坡	全校	3.5 年（工程学士学位计划）	439	110	与学校的往来信函
代尔夫特理工大学	荷兰	全校	3 年（理学学士学位计划）	3749	930	代尔夫特理工大学 2015—2016 学年的实际课程计划开展情况与数据通报
伦敦大学学院	英国	工程学院	4 年（本硕连读的工程硕士学位计划，其中工程学士学位计划为 3 年）	959	302	与学校的往来信函（教师数据）、伦敦大学学院学生统计数据（学生数据）

附录 B
新加坡科技与设计大学案例研究

选择新加坡科技与设计大学作为案例研究的原因

新加坡科技与设计大学（SUTD）被本研究第一阶段参与访谈的思想领袖看作工程教育领域最重要的"新兴领导者"。

SUTD 是一所研究密集型大学，由麻省理工学院和浙江大学联合成立于 2009 年。其教育方法和课程结构十分独特。例如，在没有任何学系或学院的情况下，SUTD 提供多学科教育，帮助学生在课程和学期之间联结并整合学习。基于对基础工程科学的严密认知，课程计划专注于以设计为核心的主动学习，并配有最先进的创客空间。SUTD 还提供大量与传统工程本科学习不同的学习机会，包括研究机会、行业实习、本科教学机会以及人文与社科课程。

一些思想领袖认为，作为麻省理工学院在本科教育领域唯一的重要大学合作伙伴，SUTD 提供了一个窗口，让人们能够预见到麻省理工学院的本科课程未来将如何发展，这进一步提升了 SUTD 的全球形象和知名度。

B.1 背景

B.1.1 大学背景

新加坡科技与设计大学（SUTD）于2009年由麻省理工学院和浙江大学联合成立。它是一所研究密集型大学，其使命是[①]："……以设计为重点，通过综合性的多学科课程和多学科研究，促进知识进步，培养技术领先的领导者和创新者，以满足社会发展需求。"

SUTD侧重于工程和建筑专业，但学校并不是围绕传统的学科、院系来构建；相反，它的研究和教育活动都融入了多学科的体制结构。SUTD虽然已经获得了5000万新元的年度研究资金，但尚未在全球大学排名中占据一席之地；学校仍需要更多毕业生群体数据去支撑它进入相关排行榜。迄今为止，已有三批SUTD的学生从其八学期制的学士学位项目毕业。目前新加坡本国学生的学费为每学期5700新元，由政府提供大量补贴。

自2012年迎来第一批本科生，SUTD的学生和教师人数持续增长。如图7所示，2012学年SUTD本科入学人数为344人，到2017学年升至439人。该校的本科生招生目标是1000人；校内目前可供600人住宿。对于一个以技术为重点的大学而言，SUTD的女性比例相对较高：女性占本科生总数的40%，其中以工程为重点的学科女性占30%。

目前，该大学共有143名教职工，其中110名具有终身职称，另外33名以教学为主。SUTD拥有一支高度国际化的教师队伍，其中30%来自新加坡，25%来自亚洲其他地区，40%来自欧洲和美国。未来几年，随着学生人数的增长，教师人数也将会增加。

[①] 新加坡科技与设计大学，http://www.sutd.edu.sg

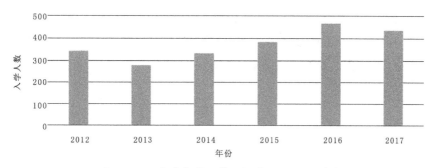

图7　SUTD年度本科入学人数（2012—2017年）

B.1.2　国家背景

新加坡建立于1965年。过去50多年来，随着国内生产总值年均增长达7.7%[①]，新加坡由发展中经济体转变为全球领先的金融、制造业和教育中心。如今，新加坡的特点是失业率低、犯罪率低、人口多样化。事实上，它被认为是仅次于瑞士的全球第二最具竞争力经济体[②]。新加坡也是全球人口密度第三的国家：其人口为550万，居住面积却不到罗德岛的一半。在自然资源有限的情况下，新加坡政府特别注重通过教育投入来提升人力资源以推动经济增长。这些投资取得了令人印象深刻的成果：无论是小学还是中学，新加坡在教育方面的表现受到全球的认可。例如，在"国际数学和科学研究趋势"（TIMSS）[③]中，新加坡小学生和中学生的数学和物理均名列世界第一。

新加坡政府在战略上同样重视对高等教育的投资。事实上，新加坡政府承诺在2016—2020年度[④]提供192亿新元的研究经费，用于支持国家研究和创新基础设施建设，且资助范围不仅仅局限于国内六所自治大学[⑤]。过去十年中，新加坡国立大学和南洋理工大学的全球排名迅速上升。

除了政府投资和世界一流教育的背景，受访者还指出了新加坡高等教育系统面临的一些挑战，其中有两个挑战特别突出。首先，受访者认为，社会对教育表

[①]　新加坡世界银行，http://www.worldbank.org/en/country/singapore
[②]　2016—2017年世界竞争力报告，https://www.weforum.org/reports/the-global-competitiveness-report-2016-2017-1
[③]　国际数学与科学研究趋势，http://www.iea.nl/timss
[④]　研究、创新和企业2020计划，https://www.nrf.gov.sg/rie2020
[⑤]　新加坡的六所自治大学分别是新加坡国立大学（NUS）、南洋理工大学（NTU）、新加坡管理大学（SMU）、新加坡科技与设计大学（SUTD）、新加坡理工学院（SIT）和新加坡大学社会科学学院（SUSS）。

现的高度重视形成了新加坡学龄儿童"追逐考试等级"的文化，以及学生之间对于进入高等教育的"高强度的竞争和压力"。其次，受访者强调了新加坡低生育水平的问题[①]，这大大降低了该国未来的本科生入学人数：仅在2012—2017年，高中毕业人数就下降了21%。

B.2　新加坡科技与设计大学教育的发展

SUTD教育的发展主要有三个时间段：

·新加坡新大学的建设愿景（2007—2010）；

·共同设计SUTD本科教育（2010—2012）；

·启动并推进SUTD本科教育（2012—）。

上述时间进程是通过对37位利益相关者的采访以及与22位利益相关者进行专题小组讨论获得。它反映了新加坡政府、麻省理工学院和新成立的SUTD团队合作的一个发展过程。

B.2.1　新加坡新大学的建设愿景（2007—2010）

2007年8月，新加坡总理宣布，政府计划将公立高等教育的全国参与率从25%提高到30%。当时，新加坡只有三所公立大学：新加坡国立大学、南洋理工大学和新加坡管理大学。政府希望通过在新加坡建立第四所公立大学来提升新加坡高等教育的能力和多样性。这个新机构将成为国民经济增长的引擎，在三个关键领域培养人才和推动应用研究：（1）工程和应用科学；（2）商业和信息技术；（3）体系建构和设计。通过跨学科的实践学习以及与行业的强有力联接，它还将提供"面向未来的新的教育方法"，旨在培养技术驱动型企业家，并激励下一代在科学和工程领域开启自己的职业生涯。

2008年8月，新加坡政府在全球高等教育界寻找合作者共同建立新大学。鉴

---

① 新加坡拥有世界最低的生育率，每个女性出生的子女数为0.82。资料来源：美国中央情报局世界实况报道，https://www.cia.gov/library/publications/the-world-factbook/rankorder/2127rank.html

于新加坡-麻省理工学院联盟（SMA）[①]以及新加坡—麻省理工学院研究与技术联盟[②]（SMART）等长期展开合作，麻省理工学院对新加坡政府提出的这个新国立大学建设项目表现出极大兴趣；此外，其也受到以下因素的驱动。

"一群对工程教育教学新模式充满热情的教师，他们将此次合作看作将这些想法付诸实践的一种方式，这是一片新设课程的绿地。"

在接下来的18个月中，麻省理工学院的一个学院咨询小组编写并提交了一系列提案，描述了新大学的独有特征，并明确了如果被选为合作伙伴，麻省理工学院在新大学成立时可能发挥的作用。麻省理工学院提出了一个小型跨学科大学的愿景，每年招收1000名本科生，而且没有传统学科和学系。该提案还强调"设计"在新大学的核心地位。正如学院咨询小组的一名成员所解释的那样：

"如果你研究过创造财富的问题，比如像苹果公司这样拥有最大市值的美国公司是怎样做的，几乎可以肯定的是，其成功是因为采取了一定的创新设计方法……我们生活在创新经济中，而创新通过设计发生。"

受到"技术推动主动学习"（TEAL）[③]经验的影响，麻省理工学院对新大学的构想包含了以小群体主动学习为基础、以设计为核心的课程。"以设计为核心"还体现在新大学的名字——"新加坡科技与设计大学"之中，它的口号是"一个更好的设计世界"。

2009年10月，麻省理工学院为新大学提议并任命了一位校长，他曾是麻省理工学院工程学院院长，并曾在新加坡担任SMART创始总监一职。许多受访者指出，他深刻理解新加坡的文化、经济和研究体系，并且在全国各地被"政府、商界和大学领导人所熟知和尊重"。

2010年1月，麻省理工学院院长和SUTD新任校长签署了合作协议，明确教育和研究的双边合作分别延续到2017年和2020年，其主要特点将在专栏9中概述。不久之后，该校与浙江大学在中国签署了第二份合作协议；此次合作为SUTD提供了一个重要的学生交流计划和一些选修课程，使学生能够探索中国的"文化和经济"。

[①] SMA，http://web.mit.edu/sma/
[②] SMART，https://smart.mit.edu
[③] 技术推动主动学习，http://web.mit.edu/edtech/casestudies/teal.html

专栏9. 麻省理工学院通过与SUTD合作向其提供的支持

·机构建设：包括（1）支持制定SUTD的机构政策，（2）雇用初始阶段的教师和学术领袖，（3）机构的推广宣传，（4）招收首批本科生和研究生；

·研究合作：包括一个主要的合作研究计划，以及在SUTD和麻省理工学院之间设立一个以设计为重点的研究中心；

·课程开发：包括（1）聘请麻省理工学院高级教师到SUTD为其进行课程内容设计，（2）麻省理工学院专业人员在相关领域开发和审核93门SUTD课程（超过90％的本科课程）；

·教师发展：为SUTD教师提供一系列机会，包括（1）参与教师培训，内含在麻省理工学院一年的实习，（2）在麻省理工学院进行2～4周的共同教学实习，（3）由麻省理工学院教师提供一对一辅导；

·致力于培养学生的领导力和创新技能：包括（1）于2013—2017年提供为期十天的，面向SUTD和麻省理工学院本科生的全球领导力计划，共涉及155名学员，（2）于2015—2017年为SUTD本科生制定为期3周的SUTD冬季海外计划，涉及156名学员。

B.2.2　共同设计SUTD的本科教育（2010—2012）

在2010年1月两校合作启动之初，SUTD更多被认为是"一种概念阐述而不是现实"。这一概念是建立在政府对新加坡新大学的愿景基础之上的，麻省理工学院对其建立的基础性原则进行了阐述（见专栏10）。这套原则体现了多学科性，通过四大跨学科支柱得以实现：建筑与可持续设计（Architecture and Sustainable Design, ASD）、工程产品开发（Engineering Product Development, EPD）、工程系统与设计（Engineering Systems and Design, ESD）以及信息系统技术与设计（Information Systems Technology and Design, ISTD）。

专栏10. SUTD建立的基础性原则

1.世界一流：在区域和全球范围内吸引最优秀的教师和学生，成为世界级的研究密集型大学，同时也提供前沿的、以学生为中心的教育。

2.多学科性：SUTD的学科和学系将不再是单一的，而是围绕"世界基本消费的产品（建筑和工程）、服务和系统"构建起来的四个跨学科支柱。SUTD的四大跨学科支柱是：建筑与可持续设计、工程产品开发、工程系统与设计，以及信息系统技术与设计。

3."东方与西方"融合：SUTD将为学生提供来自东西方文化的沉浸式体验和不同视角的学习环境。

4.小型化和以学生为中心：SUTD规模较小——本科规模与麻省理工学院相似——师生比较低，教学方法强调自主学习和小组学习。

5.以设计为核心：基于技术的设计融入大学学习的各个方面，重点在于利用设计和技术推动积极的社会变革。

6.培养领导力和创新力：SUTD教育和研究重点采用被称为"外部驱动"的方法，由行业和社会的需求决定，重点培育新一代技术领导者和企业家。

7.广泛的基础教育：与新加坡其他大学相比，SUTD第一学年是通识教育，给予学生传统工程课程范围之外的学习经历，包括行业实习和人文社会科学领域的课程。

由于刚刚起步的大学没有校园，只有少数员工，SUTD早期的课程开发主要由作为合作伙伴的麻省理工学院一方推动。麻省理工学院高级教师组成的团队推动了SUTD第一年通识教育和支柱专业的设计，而具有特定领域专业知识的麻省理工学院教师还参与了专业类课程开发。然而，随着SUTD自身能力的不断增长——主要方式为任命学术带头人、教师和选拔先锋学生等——其对不断发展的课程和教学法也产生了积极影响。

继任命新校长后，新加坡政府于2010年对大学教务长、副教务长、校董事会主席的三次任命也对SUTD形成独特的教育方式和文化起到了至关重要的作用。来自大学内外的许多受访者指出，新任命的三个专家都对新加坡文化有深刻的理解，对当地的环境有较高的敏感度。这三位同校长一样了解政府建立SUTD的愿景。任命完成之后，政府赋予了两校合作重要的自主权，并委托这些领军人物"指导该项目……并有权对新大学的建设做出关键决定"。

SUTD最初将"任命一支由教师和各骨干负责人组成的团队，以使他们可以从SUTD和MIT两方面考虑课程的开发"作为建设重点。第一批受聘教师在加入该大学不久后，就进入了学校在新加坡西部的临时校园。许多新员工都是具备很高潜力的新教师,他们从区域性和全球性的高水平大学毕业后,直接从博士后晋升为大学教师。虽然很少有以学生为中心的学习方面的经验或培训,但他们是"非凡的年轻研究人员",他们"对SUTD的教育愿景秉持开放态度且愿意为之付出努力……他们并没有拘泥于旧的做事方式"。加入SUTD后,许多教职员工被派驻到麻省理工学院,进行职业化素质培养。与此同时,SUTD校长还联系、聘用了世界上设计领域一些领先的思想家和从业者。其结果是,SUTD获得了一批高素质人才,他们既是学校的骨干带头人,也是MIT-SUTD国际设计中心的带头人[①]。

除了建立教师和学术带头人队伍之外,SUTD最初还招收了30名学生,以帮助大学运行、进行校园和课程建设,并塑造校园文化。这些学生与麻省理工学院的学生开展广泛合作,迅速营造了一种"冒险、创造和创新"的学生文化。这种文化显著体现于一系列创新的、由学生主导的课外活动中。事实上,鼓励教职员工和学生"从一开始就为大学奠定文化氛围"是SUTD学术带头人的战略重点,简而言之,"我们想创造一个'我们都在一起'的文化,一种轻松随意的氛围"。这与井井有条而等级森严的新加坡传统文化截然不同,它是一种浸透在课程体系中鼓励创新的文化。

参与SUTD这一发展时期的受访者一致指出,其开创性的精神支撑了MIT-SUTD合作伙伴关系,为不断变革发展的SUTD课程带来了创新和"难以置信的、令人兴奋的"进步:"它就像一个初创公司,如果我们有一个好主意,那就去做!"例如,SUTD最后一学年的"顶点项目"最初仅限于在某个特定的学科支柱内开展;随着新想法的出现,"顶点项目"的范围逐渐扩大,使它们真正成为多学科项目,汇集和覆盖了整个大学四个跨学科支柱最后一年的所有学生。

到2011年秋季,团队开始在"SUTD课程草案"背景下思考"设计类大学意味着什么"这个问题。有人特别担心"正在开发的课程太过于以内容为中心"。在接下来的几个月里,SUTD的教务长和新上任的EPD(工程产品开发)方向主管一起开发了一种新的教学模式,被称为"4D"教育法,旨在将以学生为中心的设计体验嵌入SUTD整个课程体系中。"4D"教育法的一个关键要素是应用设计经验来探索课程内在的逻辑概念,力图将不同课程和各个学年之间的学习体验有机联系起来。

到2012年初,也即本科生课程计划启动前六个月,4D设计经验已被整合到

---

① SUTD-MIT 国际设计中心,https://idc.sutd.edu.sg

SUTD课程中。例如，沉浸式、整合式项目成为第一学年每个学期的课程特色。这个项目是"在第一学期进行为期一周的体验式课程"，旨在将学生已经学习的高等数学、物理、化学以及人文课程有机联系起来。该项目要求学生团队"设计一种装置——一种利用化学动力的马铃薯加农炮，可以将食物运送到被围困的中世纪城堡"。一些SUTD的受访者指出，设计这些项目的多元化教师队伍之间形成了"非常少见的互动机制"，这种互动机制又进一步帮助大学塑造了新的跨学科研究领域。用一名SUTD学术带头人的话来说：

"SUTD最振奋人心的内容之一是研究和教学之间的联系，这在传统大学中是不可能的。例如，机器人学和生物学教授共同讲授第一学年课程（如"设计导论"），现在他们已经共同开发了一个研究项目，即开发一种自动化机器人来寻找蚊巢并摧毁它们。"

B.2.3 启动并推进SUTD本科教育（2012—）

2012年5月，SUTD迎来了第一批正式入学的本科学生。许多受访者指出学生群体具有某些独特性和"古怪"特征，正如一位来自SUTD外部的观察员所评论的那样：

"SUTD吸引了一群特殊类型，而非具有典型特质的新加坡学生。他们充满活力，富有创业精神，愿意冒险进入一所尚未存在的大学——他们有点'古怪'，但充满创意。"

一些学生受访者指出，"与麻省理工学院的密切联系"以及SUTD独特的"基于问题的小组学习"教育方法，是激励他们选择SUTD的原因。用一句话来说，"它提供了不同于新加坡其他大学的东西，它是基于问题的、合作导向的，一个可以让伟大事情发生的地方"。

SUTD的启动年对于该大学的教职员工和学术带头人来说是一个充满挑战的时期。除了推动组建新的研究团队之外，学校还推出了一门独特的以设计为核心的实践型本科课程，该课程尚未在本科生群体中进行过测试教学。

SUTD的第一个重要课程测试是在2012年8月，推出了第一学年的旗舰课程"设计导论"。来自SUTD的受访者指出，该课程的重要性在于向学生阐述创新设计原理与培养团队中协作和主动学习的文化。然而，正如一位教师指出的那样，"在这一课程中，我们遇到了很多问题……学生表示'无法应付这门课'……学生每周要花12个小时以上的时间来学习这门课程。"访谈反馈表明，主要有两个挑战。第一个与课程管理流程有关，学生面临着"设计"和教学风格定义的"混乱"，这导致学生对课程期望和授课成果不甚清楚。第二个挑战是学生需适应自主探索式学习方式并解决所提出的开放式问题。一位课程负责人解释说：

"新加坡的学生主要来自高度权威、自上而下进行管理的中学教育环境，他们通过了大学入学考试进入这一课程计划，并确切知道他们需要做些什么来获得A等级……但是，这一课程计划缺少对学生的引导，他们讨厌不确定性。没有一个标准答案……当作业的要求只有20页时，他们却正在写100页的报告。他们不知道如何管理自己的时间。"

为此，SUTD教职员工和学术带头人与学生们召开了"集体会议"，以解决所面临的挑战。因此，"设计导论"课程引入了一些新措施。包括：（1）对"设计"进行协调一致的定义；（2）阐明课程期望和授课成果；（3）开设"时间管理"课；（4）任命高年级学生为助教，在"设计导论"和其他一年级课程中提供支持和建议。受访者指出，到2014年该课程进行第三次更新迭代时，许多最初的问题已经得到解决。2015年1月，SUTD向新加坡樟宜地区的长期校区搬迁，这也为学生开展自我指导和主动学习提供了支持；除了一般教学设施之外，新校区还专门为一年级学生和顶尖学生提供了一个5000平方米的开放式样机研究场所。与此同时，SUTD教学项目通过了临时性专业认证。随着课程和教学方法不断推动创新工程教育的"跨学科边界"，该认证项目成为了SUTD的一个重要里程碑，这主要归功于MIT-SUTD合作伙伴关系中所呈现出的强大教育愿景。

在接下来的几个月里，SUTD的教育实验和创新协作文化为一系列课程开发和更新提供了支持，大量的课程开发由SUTD和麻省理工学院的教师、学术带头人和学生共同合作完成。例如，第一学期设置的2D"马铃薯加农炮"项目已被燃料电池车辆的项目所替代。然而，教师和学生都表示担忧："燃料电池汽车太慢了，这难以令人兴奋，而且该项目没有按照我们喜欢的方式运用到所有课程的内容。"因此，教师教学团队邀请了SUTD的二年级和三年级学生重新设计该项目，他们与麻省理工学院的教职人员合作开发了一个全新的项目——用糖作燃料来驱动火箭——这个项目为学生提供了与第一学期课程更加清晰的知识连接。

麻省理工学院与SUTD之间的正式教育合作关系于2017年结束。但是，麻省理工学院和SUTD的受访者明确表示，两个机构之间将继续保持非正式的教育合作关系。受访者认为持续性合作以及共同分享"课堂上的创新想法和经验"将为双方带来共同价值。事实上，麻省理工学院的一些受访者指出，他们在SUTD的教学经验是变革他们自己教学课程的主要灵感来源。例如，麻省理工学院核科学与工程系实施的教育改革被认为"直接受到了SUTD的影响；新生的设计类课程和顶尖项目都是基于SUTD的教学设计原则"。

与麻省理工学院教育合作关系的结束预示着SUTD进入了新阶段，其大学品牌和形象必须独立发展。SUTD正在建立新的内部机制以持续支持教育变革，如在2016年7月，SUTD正式成立了学习科学实验室[1]。SUTD通过日益积累的专业知识和基于实证的教育研究不断改革其课程设计与教学方法，改革由学术带头人和相关核心教师小组来推动。该小组的一部分成员正在探索构建SUTD独特的课程经验模型，其他成员正努力应对"以设计为核心和基于项目的教育教学模式"所带来的系列挑战和机遇，涉及的核心问题包括：

· SUTD的整合式课程在多大程度上能够帮助学生鉴别以前课程中所学到的概念，并将之应用于新问题或主题情境？

· SUTD如何以公平的方式评估个体对团队项目的贡献度？

· 在团队项目中，SUTD如何确保每位学生都对该项目做出了相应的贡献，而避免有学生依赖于别人的工作（"搭便车"现象）？

SUTD教师团队向新加坡政府提交了一份研究计划书，争取获得100万新元资助以解决以上这些问题，并着眼于将他们在教育设计中所学到的经验融入到大学课程体系建设中。

B.3　SUTD的教育方法

研究要求受访者指出SUTD与新加坡国内和全球教育同行差异化的显著性特征。其中，最引人注目的是"基于麻省理工学院的基础性课程体系"和"严格的学术标准"，主要包括四个关键特征。

---

[1]　SUTD 学习科学实验室，https://sutd.edu.sg/learningsciences

· **基于设计和制造的学习**：SUTD的教学方法以基于设计的主动学习为特征。在多年的学习过程中，学生参与多个设计项目，涉及不同范围、持续时间和重点领域。部分课程属于单一领域，大部分课程则涵盖多个领域并贯穿多个学年。这种独特的以设计为核心的多层次教学方法被称为"4D"教学模式（专栏11中有详细描述）。SUTD很少有课程是以讲授形式开展的，特别是在第一年的学习中，多数课程都采用体验式或"翻转课堂"的教学方法。基于实践的学习也是SUTD教学方法的主要特征。由于学生很大程度上能够不受限制地进入最先进的车间和"工厂实验室"，许多项目、课程以及非课程类活动都要求学生在设计理念的基础上开发和改进实物原型。

· **一种合作文化**：教师以及学生受访者都指出，SUTD具有"扁平化结构"和自由的"创业氛围"。这里的文化是如此开放，你可以与任何人交谈，不管他们是谁。在学生群体中，这种"友爱的群体精神"通过SUTD广泛应用的小组学习模式得到推广。在大学的第一年（包括三学期），学生们几乎都在50人的小组中工作，他们在所有课堂和项目中不断互动，而班级规模在所有学年中几乎都不超过50人。

· **一个多学科的方法**：SUTD不是围绕"传统工程"构建的，也不提供传统的工程学科学位。相反，学生进行为期一年的通识基础课程学习，然后进入四个跨学科支柱之一的专门领域学习——如工程系统与设计。每个支柱领域都汇集了大量来自工程学科以外的教师：

"我们的学生并不认为自己是机械工程师或者土木工程师。真正的问题往往跨越学科界限……他们试图解决系统性问题。"

· **广泛的学生体验**：SUTD的课程还提供了与传统本科工程教育不直接相关的知识体系。例如，有超过五分之一（22%）的课程涉及人文和社会科学（HASS）。非课程的活动体验也是十分必要的，每周两个下午和每学年的第一个月专门开展由学生主导的活动，包括教学实习、社团活动和研究项目。此外，所有SUTD学生在毕业前必须至少完成一次为期16周的行业实习，学校还鼓励他们去国外学习交流或参与夏令营项目。

专栏11. SUTD的"4D"教育方法

设计项目是全球所有工程课程计划都具备的内容。然而，大多数设计项目都采用了类似的结构，即单一的、为期一个学期的顶点式毕业项目设计，旨在整合本科课程中的所有学习经验。SUTD采取了完全不同的教学方法。开放式设计活动被整合到日常课程中，以帮助学生探索、整合和强化他们正在进行的学习体验。许多课程采取了动手实践的教学方式，要求学生必须完成一个工业产品或服务产品原型。这些设计体验课程的规模和重点差异性很大：有的是小规模的短期课堂设计练习，学生在学习过程中可以产生新想法或新概念，并将其情境化应用；还有的是大规模的跨越多个学年的沉浸式学习项目，这种模式主要用于巩固和加强对跨学科领域的学习。SUTD创造了"4D"这一术语来描述这种独特的、多层次的以设计为核心的教学方法。

"4D"教育方法的四个层次概述如下。

·1D设计活动，在一门课程内开展。1D设计活动适用于探索特定课程中学到的概念。部分1D课程体验可能是简短的离散练习，仅限于一个班级。例如，在第一年的物理II课程中，学生们花费一个下午的时间，运用电磁原理进行纸盘设计和构造扬声器。而其他1D练习项目可能会使学生更加身临其境，并贯穿整个学期。例如，ESD支柱领域中的数据和业务分析课程嵌入了一个为期一学期的1D项目，要求学生以团队合作方式解决行业合作伙伴提出的实际问题。

·2D设计活动，跨越多门课程开展。2D项目会整合应用两个或多个正在同时学习的课程概念。项目涵盖各种各样的主题。例如，第一学年第三学期的2D项目聚焦于生物燃料藻类的生长，其将生物学、化学、技术系统、优化和编程课程的知识有机结合起来。在某些情况下，所有相关课程将暂停一周，以便学生全情参与2D项目；大部分情况下，2D项目会贯穿整个学期。2D项目的主题往往是由学生主导设计的，学生团队需要制定一份合适的项目简介，项目内容需要涵盖相关课程的有关概念。

·3D设计活动，允许学生重复设计并改进单个项目。每次更新迭代时，都要求学生运用在最近的课程中学到的新技术或新概念来推进项目。例如，在EPD支柱领域中，学生团队在三个独立的学期课程中各建造了一个风车，并逐步提高它的效率和性能。另一个3D项目也来自EPD支柱领域，专注于雷达枪的迭代设计。详见专栏13。

· 4D设计活动，在课程之外开展。4D设计活动由学生主导，允许学生通过参与团队竞争、社区项目、文化研究、体育活动、本科生研究计划或创业活动等来探索和应用设计原则。

到毕业时，每名SUTD学生将参加20～30个上述的重要设计项目。这些项目的主题经常会被重新设计，以保持"新鲜感"。

SUTD教育模式的主要特征和有关细节如表4所示。这些资料来源于对SUTD本科项目参与者的调研咨询和访谈。

表4　SUTD教育模式的主要特征和相关细节

教育特征	细节
选择学生的标准	2017年，SUTD收到了3700份本科就读申请，其中入围900名，最终入学439名。虽然并没有明确的入围标准，但大多数入围候选人都在数学和物理方面具有较高潜力和资质。SUTD是新加坡唯一一所对所有入围候选人进行面试的大学。通过面试，SUTD考察候选人"对技术设计的热情，对多学科学习的倾向性，以及承担风险的意愿"。SUTD可接受的海外学生比例上限为30%。在新加坡的学生中，大约80%有专科学院背景；其余的则在理工学院学习或拥有国际文凭。
灵活性和学生的选择	SUTD的第一年课程对所有学生来说都相同。学生自2年级开始选择一个支柱专业进行深入学习。除建筑与可持续设计课程外，选修课在支柱课程中占一半以上。学生在项目的重点和范围上也有很多灵活的选择，这些项目贯穿于八个学期的课程中。
跨学科工作的机会	由于没有传统的学科（系）或学位课程，SUTD的教育本质上是多学科的。这些课程涵盖科学、工程和建筑，并鼓励学生通过人文社会课程和设计项目等审视非纯技术维度的工程问题。
教学方法	SUTD许多课程都是通过以设计为核心的主动学习来实现的，特别关注实践学习、原型设计，以及通过小组讨论来解决问题。然而，在支柱研究的学年，一些专业课程和选修课同时涵盖"扩展性讲座"。
评估和反馈	为了在学习的早期帮助学生发展内在动机，SUTD第一学期的课程不分级。此后，学生们在每学期结束后参加两三天的考试。但是，大部分评估都是连续的，并与学生的团队项目相关联。在最后一学年的奖学金评定中，有70%获得奖励的项目与学生团队提交的产品有关，例如产品原型和报告。

续表

教育特征	细节
教学和学习支持	在 SUTD 的早期发展阶段,麻省理工学院提供了很多教学方面的专业支持,40 位 SUTD 教师参与了麻省理工学院的教师教学项目。SUTD 还举办了一些特别的教学培训研讨会,内容包括促进积极学习、以设计为基础的学习等。2016 年,SUTD 建立了科学实验室,作为一个内部支持中心促进学校教育发展。
奖励和表彰教学	SUTD 目前拥有 33 名高级讲师和 110 名终身职称员工。受访者表示,SUTD 对终身职位教师采用了"美国式晋升制度",该晋升系统几乎完全只面向研究成果,而"教学不以任何特殊方式得到奖励"。然而,一些人指出,由于该晋升制度"三年一轮",所以存在着重新平衡优先事项的余地。
教育研究活动	受访者认为,在 SUTD,"教育教学研究比大多数研究密集型大学更加突出"。SUTD 教师和学术带头人发表的许多教学论文,都侧重于设计教育和主动学习的主题。SUTD 的一个团队还向新加坡政府提交了一份议案,希望开展一项重要研究,评估学生在SUTD 课程中的学习情况,并为团体设计项目开发新的评估工具(见B.2.3 节)。
课外机会	学生主导的课外学习是 SUTD 教育的重要组成部分,为学生设置了专门的时间段来参与这些活动。早期的"学生先锋"项目于 2010年落地,而后 SUTD 已经建立了 90 多个俱乐部和社团,这与新加坡国立大学的数量相同,而后者的学生数量是 SUTD 的 27 倍。

B.4　课程设计

图8给出了SUTD课程体系的概况,主要包含三个部分。

1. **第一学年课程**:第一学年课程面向所有学生,主要包括数学和科学等基础课程,以及设计、人文社会科学和工程支柱领域的导论性课程。第B.4.1节将对此深入展开。

2. **支柱领域学年课程**:学生在四个跨学科支柱领域中择其一继续他们在SUTD的学习,包括建筑与可持续设计(ASD)、工程产品开发(EPD)、工程系统和设计(ESD)、信息系统技术与设计(ISTD)。图8所展示的课程结构来自EPD领域。第B.4.2节将对此深入展开。

3. 顶点项目（最终毕业项目）： 在最后两个学期，SUTD的所有学生都要参加基于团队的多学科式顶点项目，B.4.3节将对此详细阐述。

SUTD的学业进度安排在许多方面都与众不同。本科学士学位课程为期三年半（八学期），从五月开始，早于新加坡其他大学五个月，这个时间段通常被认为是传统的"暑假"。与国内国际同类高校相比，SUTD的学年也相当长，每学年分为三个学期，每个学期为14周。每个学期都是由四门同等重要的课程组成。在固定的课程之外，SUTD还非常重视学期之间的非课程类活动。 其中有两类活动格外引人注目。

·暑期实习和海外交流：第二学年和第三学年的两个"夏季"学期学生可以参加实习，去往海外交流，参与暑期课程或其他"拓展体验"。实习通常为16周，项目得到700多个行业合作伙伴的资助。暑期课程主要包括亚洲领导力课程，每年大约有100名SUTD学生花费13周的时间，在SUTD中国合作伙伴浙江大学和浙江省内的公司参加实践导向型的领导力课程。其他暑期项目合作伙伴包括斯坦福大学、加州大学伯克利分校和柏林工业大学。

·独立的、由学生主导的活动：学生主导的活动是大学生活的重要组成部分。 学校一般在周三或周五下午不安排课程，以便学生将这段时间用于"课外活动"。课外活动可以扩展到学生俱乐部和社团之外。例如，许多学生担任助教，以支持和指导低年级学生的学习。大约一半的本科生还与SUTD教师和研究人员一起参与非课程类研究项目。此外，每年的一月份被指定为独立活动期，学生可全情参与非课程类活动，其中可能包括某些特定研究课程或海外实地考察。 在此期间，大学还开设相关培训课程，以帮助学生做好实习准备。

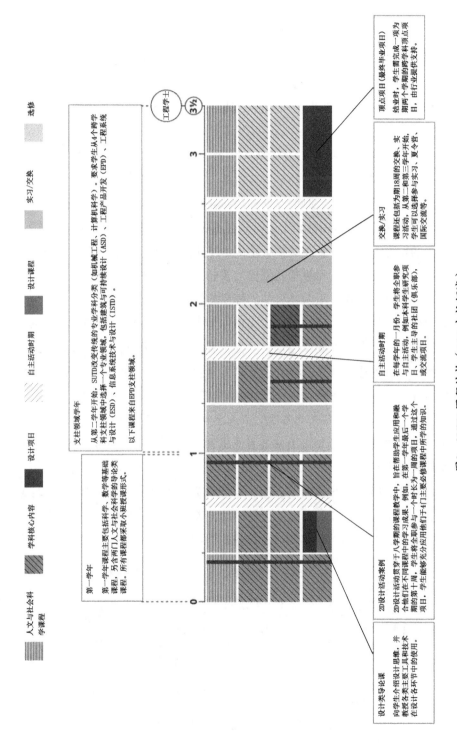

图8 SUTD课程结构（EPD支柱领域）

人文与社会科学课程　学科核心内容　设计项目　设计课程　自主活动时期　实习/交换　选修

工程学生　3½

支柱领域学年
从第二学年开始，SUTD改变传统的专业学科分类（如机械工程、计算机科学）。要求学生从A4个跨学科支柱领域中选择一个专业领域，包括建筑与可持续设计（ASD）、工程产品开发（EPD）、工程系统与设计（ESD）、信息系统技术与设计（ISTD）。
以下课程来自EPD支柱领域。

第一学年
第一学年课程主要包括科学、数学等基础课程，另含两门人文与社会科学导论类课程。所有课程都采取小班授课形式。

顶点项目（最终毕业项目）
结业时，学生需完成一项为期两个学期的跨学科项目。由行业提供支持。

交换/实习
课程还包括为期18周的交换，实习活动。从第二和第三学年开始，学生可以选择参与实习、夏令营、国际交流等。

自主活动时期
在每学年的一月份，学生将全部参与自主活动，例如本科学生研究项目、学生主导的社团（俱乐部），或成立交流项目。

2D设计活动案例
2D设计活动贯穿于第八学期的课程教学中，旨在帮助学生应用和融合他们在不同课程中的学习成果。例如，在第一学年最后一个学期的第十周，学生将全部参与一个时长为一周的项目，通过这个项目，学生能够充分应用他们于4门主要必修课程中所学的知识。

设计类导论课
向学生介绍设计思维，并教授各类工具和技术在设计各环节中的使用。

089

B.4.1 Freshmore学年（第一学年）

SUTD的第一学年被称为"Freshmore学年"，之所以如此是因为第一年被扩展为三个为期14周的学期，涵盖了传统大学新生课程和大二前半部分的课程。如图9所示，第一学年为所有新生提供同样的课程，在三个学期中汇集了12门同等权重的必修课程。

Freshmore学年在一些方面看起来和传统工程教育的第一学年非常不同。行动导向、动手实践和基于设计的学习有机地融入到课程体系中，几乎每个班级都围绕小组讨论、解决问题、原型设计和团队比赛等来组织活动。另一个显著的特点是尽管每年大约招收450名学生，学校还是采用了小班模式。Freshmore学年采用团队化的学习方法，学生在课堂上组成一个不超过50人的核心工作小组。这种小组教学方式对校园空间和教师队伍提出了相当多的要求，每门课程和每个项目都必须考虑到这九个独立团队并为他们提供教学资源支持。对学生、毕业生和教职工的访谈反馈指出，这种教学方式在培养学生的跨团队合作精神、项目参与度和远大抱负等方面发挥了变革性作用。受访者指出，以团队形式开展沉浸式学习项目，无论是课内还是课外，都有助于培养学生的内在驱动力，并"促使他们逐渐摆脱追逐考试成绩的怪圈"。一位大四的准毕业生谈道：

"三个学年以来，你每天都与这50个人互动。你们不再是学术上的竞争对手，团队成员之间愿意互相帮助，大家甚至愿意熬夜帮助另一个小组。这是SUTD非常独特的教育模式。"

正如专栏12所进一步探讨的，第一学年计划将四部分课程组合在一起：（1）基础数学和科学课程；（2）人文社会科学导论课程；（3）贯穿于每个学期的沉浸式2D专业课程；（4）第二学期的"设计导论"课程。

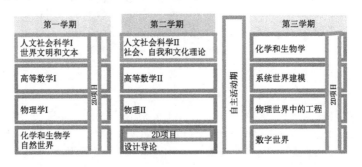

图9　SUTD Freshmore学年的课程结构

专栏12. SUTD Freshmore学年的四个核心部分

基础性数学、科学和工程课程是Freshmore学年的重点。课程的学术标准很高，前两个学期的大部分课程内容，都是直接从MIT课程体系中转化过来的。在最后一个学期，三门新开发的基础性课程介绍了SUTD的支柱工程领域：系统世界（包括运作研究和系统动力学）、物理世界（涵盖热力学和静力学等主题）和数字世界（数据模块化抽象以及编程导论）。所有的基础课程都采用沉浸式的主动学习方法，并广泛使用1D和2D课程活动。例如2017年的物理II课程，学生根据课程中所涵盖的20个核心概念进行分组，如高斯法则或电磁波原理，并被要求"设计一个15分钟的教学模块向高中生解释这个核心概念"。在课程期间，学生邀请高中生及老师到SUTD对该教学模块进行商讨和评估。

Freshmore学年提供了两门基础性人文社会科学课程（HASS）：第一门导论课程通过阅读"世界伟大的书籍"来探索"建立我们现有文明的哲学基础"；第二门课程是"社会科学"导论。许多受访者指出，"HASS在增加学生经验方面的意义远超其技术意义"。正如一位教师所言："在大学第一年，很多学生被引导进入自己感兴趣的科学领域，但是他们很少接触社会科学。因此，我们需要在技术科学和人文科学之间建立有机联系……如果SUTD想通过创新设计让世界变得更好，那么学生就需要理解世界并关注社会价值。"

专业必修的2D项目课程：课程被融合到整个Freshmore学年中，并要求学生将所学的四门课程知识有机结合起来。例如，2017年，第一学期的2D项目课程要求学生团队"组装并发射以糖为动力的火箭"。该项目涵盖了第一学期每门课程的知识内容：化学（糖和硝酸钾的化学反应产生的能量）、物理学（用来束缚火箭的钢丝绳产生的摩擦力）、数学（预测火箭前进的距离），以及人文社会科学（火箭的社会影响效应）。在这个为期一周的项目课程结束时，每支"火箭"都进行了实际测试，同时学生需要为其设计提供一份研究报告。

设计类"旗舰课程"：第二学期的"设计导论"被学生、教师和学术带头人形容为"旗舰课程"，为学生在SUTD上所做的一切奠定了基础。该课程的主要目标是"帮助学生解决不确定性和开放式问题，而在来到SUTD之前，大多数人是没有机会遇到这些问题的。"该课程也为设计思维提供了结构化指导，每周学生按照设计周期的渐进式步骤，探索学习关键性工具和创新想法。这些工具也适用于第二学期开发的专业必修2D项目课程，并贯穿于整个学年。例如，2017

年，学生团队被要求设计和制作一个能够互动的"技术体"主题产品，且需要应用在第二学期两门课程中所学到的知识。具体而言，学生团队可以设计全球定位产品（基于数学课程的线性代数知识）或考虑社会互动对他们设计项目的影响（基于社会科学课程的相关知识）。最终设计的产品由负责教师进行评分。所有的队伍都配备了一名建筑师和一名工程师以提供教学指导。

B.4.2　支柱领域学年

Freshmore学年之后，学生将从四个跨学科支柱领域中择其一进行主攻：建筑与可持续设计、工程产品开发、工程系统与设计和信息系统技术与设计。虽然课程结构因支柱领域而异，但都包含以下三个部分。

·支柱"核心"：在每个支柱领域的前二至三个学期中，学生将学习一些该领域至关重要的必修课程。例如，信息系统技术与设计领域的"核心"课程包括计算结构和算法。

·选修课：在完成"核心"课程后，大部分课程都是针对支柱领域的专业选修课[①]。选择选修课时，大多数学生会遵循"焦点追踪"原则，选择一个自己感兴趣的方向，通常包括必修课程以及开放类选修课。例如，信息系统技术与设计领域中的"网络安全"方向提供有关网络和安全的课程，以及机器学习等专业选修课。

·人文与社会科学（HASS）选修课：学生可以从40个选项中选择5门HASS选修课，HASS选修课分为两类。一类是社会科学和技术科学相"交融"，譬如技术和自我思考如何影响身份认同。另一类是纯粹的人文社会科学，例如"经典哲学反思"，通过亚洲哲学和电影研究让学生们探索和制作自己的短片或视频。

支柱领域学年课程在很大程度上以麻省理工学院的课程为基础，特别是"核心"课程。其教学方法强调"以设计为核心和主动学习"，并大量提供原型加工设施。事实上，支柱领域课程最引人注目的特征之一就是将1D、2D和3D活动贯穿于课程体系和各个学年。专栏13阐述了融入工程产品开发课程的2D和3D设计活动，每年大约有120名学生选择该支柱领域。图10为EPD支柱领域课程大纲结构。

---

① ASD 支柱领域只提供了数量有限的选修课程；大部分课程都属于支柱领域"核心"课程。

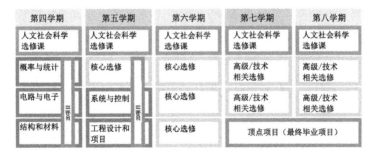

图10 EPD支柱领域课程大纲结构

专栏13. 在工程产品开发（EPD）支柱领域中运用2D和3D设计活动的案例

除了融入多个1D活动外，2D和3D活动也贯穿于EPD支柱领域的课程中。下面给出了两个案例，以说明有效连接两门EPD课程的2D和3D活动。

案例1：EPD支柱领域第四学期核心专业课程"电路与电子"与一系列2D和3D活动相连接。

·通过一系列迷你2D活动与第四学期"结构与材料"课程相连：每隔3～4周，学生参加一个迷你2D项目，该项目整合了几周以来这两门课程所涉及的关键概念。这些项目包括建造"可收集能量的风车"或建造一个检测飞机桥振动系数的设备。

·通过长期性2D活动与第四学期"结构与材料"课程相连：该项目要求学生团队"提出自己的项目设计理念"，项目必须整合两门课程的概念知识，同时还必须要与EPD支柱领域中九个"专业方向"之一的课程有所关联，如机器人和材料科学。已完成的项目包括一个独轮设计，可以将手动轮椅转换成电动轮椅。除了探索和反馈两门基础课程（"电路与电子""结构与材料"）的知识点外，从第五学期开始这个2D项目将被重新设计，目的是"让学生团队感受到他们可能要探寻的职业发展道路"。

·开创与第四学期"电路和电子"课程相关的3D活动项目：设计目标是雷达枪，这也是学生第一次接触3D项目。随着课程的进展，这个项目的重点将从雷达硬件、系统扩展到软件，在每个课程阶段，学生们都被要求应用其学习的新知识来改进和提升雷达枪的设计。因此，"电路与电子"课程首先要求学生设计制造一个简单的低频雷达，并用它来测量高速公路上的汽车速度。在第五学期"系统与控制"课程期间，雷达的控制系统将得到改进提升。在第七和第八学期的工程产品开发选修课中这个项目持续得到改进，涉及的课程包括电磁学和应用（可改进天线设计）、信号处理（处理和分析雷达发出的信号）和流体力学（用于开发定位船舶的雷达系统）。

案例2：第五学期的核心专业课程"系统与控制"与一系列项目（包括两个2D项目）相连接。

·为期一周的2D项目，目标是为货车机器人开发一个反馈控制系统。每个学生团队有一套包含机器人底盘的基本组件。该项目旨在向学生介绍结构框架和比例-积分-微分控制器等设计概念；在项目结束时，每个团队设计制造的货车机器人都要参加对公众开放的"2D拉力锦标赛"，要求货车可自动导航并避开障碍物。

·一个长期的2D项目，目标是强化球形机器人的设计。项目首先要求学生团队评估和拆卸由SUTD部分教师研发和生产的球形机器人，然后设计、建模和制造出具有三个独立新功能的圆形机器人，这些功能必须能够在实际活动中得到应用。

B.4.3 顶点项目

与世界各国工程教育相似，SUTD课程结束时有一个顶点项目（毕业设计项目），以帮助学生巩固、反思和应用其在本科课程中获取的知识。SUTD顶点项目在两个方面具有重要的独特价值。

首先，顶点项目是跨学科的。它汇集了学校的所有工科毕业生，每个项目团队由6人组成，团队成员至少来自两个支柱领域。借鉴Freshmore学年采用的跨学科团队模式，顶点项目团队需要在一个专门的"顶点"教室协同工作两个学期，每个教室可以容纳大约50名学生。每个项目有来自两个不同支柱领域的教师作为"导师"，在现场负责指导和服务相关团队。此外，项目还设有通信指导教师，他们为团队成员提供书面表达和口头报告方面的一对一支持。在整个项目过程中，学生必须学习一些短期的模块化课程，包括工程伦理、技术写作、安全标准、项目管理和数据挖掘等。

其次，顶点项目必须面向真实世界的挑战，以得到"行业的支持和鼓励"。每个团队都要面对行业合作伙伴提出的企业所面临的真实且涉及多学科的问题，并提出独特的解决方案。基于学生们在工程、科学、人文社会科学和设计等方面的知识积累，以及每个学生所获取的支柱领域专业知识，这些项目要求团队提出技术性和非技术性的解决方案，并生产制作一个产品或服务原型。行业合作伙伴每周为团队提供现场指导，但可以保留项目中出现的与任何新想法有关的知识产权。各个项目的规模、范围和重点各不相同。有些项目具有高度开放性，例如，3M公司提出的一个项目是要求识别柔性LED灯的所有潜在应用；另外一些项目则要求团队开发大型解决方案，让来自四个支柱领域的学生设计一个"数字健康工作室"。该项目团队开发了一个全尺寸的"智能会议室"内部原型，该原型集成了新的生物医学技术和数据可视化技术，能够同时提供工作简报和医疗体检功能。

如上所述，绝大多数SUTD的顶点项目都侧重于解决工业问题。然而，每年最多可以有五支队伍选择"创业顶点"（Entrepreneurial Capstone）项目，该项目要求学生团队实现自己提出的技术创业想法。希望参与创业顶点项目的学生必须遵循一系列流程，首先要参加项目验证过程，包括为期三天的创业启动训练营、为期三周的项目审核流程以及向顶点委员会汇报项目的商业计划方案以期获得批准；其次，获得许可的创业顶点项目团队必须自己筹集3000新元来支持该项目开发，团队还可以获得政府种子基金机构提供的7000新元创业资金以及本地风险资本专家的指导。创业顶点团队拥有自己项目的知识产权，一些团队在毕业时已经注册了创业公司。

B.5　案例回顾和总结评论

研究第一阶段的思想领袖们认为SUTD是全球最重要的工程教育"新兴领导者"。案例研究表明，SUTD的领先地位是有充分依据的，其大学本科教育水平显著高于同行高校。SUTD课程融合了许多重要特征，这些差异性特征正是第一阶段思想领袖预测未来几十年最佳工程教育课程体系应当具备的：它提供以设计为核心的多学科教育，融入动手实践、问题解决式学习和自我指导式学习，并给予学生自主选择权。由来自两大洲的工作团队合作设计了教育体系，并且在各个方面都融入了精心设计的课程，让学生可以跨课程、跨学期地进行情境化和沉浸式学习。实际上，SUTD教育模式最引人注目的是它的连通性：包括跨学科教师教学团队之间的连通性、课程之间的连通性以及课程内外的学生之间的连通性。这种整合性学习模式的关键工具是SUTD创新设计的4D项目。

SUTD的学生、教师、毕业生和毕业生雇主给出了非常积极的反馈。特别是许多受访者指出SUTD的学生和毕业生具备两个特质，使之区别于同龄人，即下文所谈及的强大内在驱动力和适应能力。

受访者反复指出SUTD的学生和毕业生具有强大的内在驱动力。这主要源于学校非常重视非课程性的学生自主活动，广泛应用了"基于团队"的分组学习、基于设计的课程项目，以及强化动手实践等学习模式。用一名SUTD学生的话来说：

"制作产品原型而不是仅仅做一个书面练习……这个过程让你的思维方式与众不同。它不再仅仅是只需要花费2个小时就能完成的作业，它需要你参与整个过程。"

事实上，学生受访者对于SUTD独特的教育方法对其学习效果影响程度的反馈是十分值得注意的。例如，一位学生在评论SUTD的人文社会科学课程的作用时指出：

"在其他大学，人文社会科学课程并不是强制性的，但它会使你成为一个更负责任的工程师。它创造了一种'相互理解的文化'……在我来到SUTD之前，我更多思考的是技术本身，而现在，在学习人文社会科学课程之后，我首先想到了人类。它改变了我的思维方式。"

受访者还一致指出SUTD的学生和毕业生具有很强的适应能力，这种适应能力有助于解决"跨学科"的难题，并及时满足项目需求或适应职业角色的不断变化。来自毕业生雇主的反馈表明，这种适应能力是SUTD毕业生区别于其他学生的关键特征之一。换句话说：

"SUTD的学生比其他学生更容易融入团队。你可以给他们任何工作或挑战，他们会退后一步，看到真正的问题……他们不仅仅从自己学科领域的视角来看待问题。"

同样，SUTD教师和学术带头人也强调了他们十分重视培养学生的适应能力：

"……技术进步如此之快，以至于学生所学知识的30%或40%在他们进入行业时已经是过时的。……所以关键是学生们应有信心成为一名设计师，并且能够找到解决任何特定问题的方法……我们的学生明白，没有一个学科可以独自解决所有的问题……他们需要了解不同领域以适应不同项目的需要。"

整体来看，利益相关者的访谈反馈表明，SUTD倡导的先进教育方法为世界各地工程院校的教育实践提供了巨大的可能性。SUTD以设计为核心的多学科教育方法有三个显著特点，它们将会吸引更广泛的工程教育共同体的关注。

· 它融入整个课程体系中：以设计为核心的多学科活动贯穿整个课程体系——这些经验并不局限于少数"旗舰课程"或项目。

· 它是全员参与的：每年加入SUTD的所有450名学生都参加这一创新课程计划，课程并不仅限于小规模的顶尖学生群体。

· 它得到"工程基础理论"和人文社会科学选修课的全方位配合：几乎所有的SUTD课程都直接从麻省理工学院获得核心内容，大部分课程都保留了对学生学业成绩的要求，课程的学术严谨性几乎没有任何减弱。

最后一个特质，即SUTD教育方法的学术严谨性可能是工程教育界最感兴趣的内容。以学生为中心和基于项目的课程常常遭受批评的一点是，个人和职业能力（如系统思考、解决问题和团队合作）的发展是以"降低"数学和工程科学学术水平为代价的。SUTD的一个重要特征是其大部分课程采用了麻省理工学院直接提供的内容，而后者以其学术严谨性闻名全球；SUTD只在少数课程中对研究深度进行了调整。因此，尽管SUTD对核心课程内容采用了以设计为核心和基于项目的教学方法，但其学术严谨性无疑是很高的。

案例研究表明，SUTD课程不是一成不变的：课程、项目和支柱领域不断被更新和重新设计。这种课程开发的演进方式反映了大学以设计为核心的精神，强调了用户的需求和经验。它反映了大学的协作性和以学生为中心的文化，在这里教学与研究被认为是同等重要的。

B.5.1 成功因素

访谈反馈表明，有三个因素帮助SUTD成功设计并有效实施了独特的本科教育模式。

第一个因素是新加坡政府对大学的投入和承诺。 来自SUTD以外的受访者一致指出：

"新加坡是一个政治领袖重视教育和研究，并愿意对教育和研究进行投资的国家。它总是在寻找创新的方法，并随时听取我们的意见。"

这些政治和文化价值具体体现为政府对SUTD的大量投资。同时，这种资助环境对于SUTD众多特征的形成至关重要，包括小组学习、广泛运用动手实践学习和基于创客活动的学习。正如一位外部受访者所指出，"通常这种投资只能发生在顶点项目上，但在SUTD，它无处不在"。新加坡政府"信任SUTD的领导力"，并保障了该大学建立独特而世界一流的教育文化和方法所需的自主性和灵活性。这清楚地表达了其教育愿景，确保了"始终关注设计，不必受到多方面的牵制……教师们清楚地了解并认同大学的目标和所有的政策，课程和研究工作都与这一目标保持一致。"

第二个因素是SUTD与麻省理工学院合作的附加价值。这一备受瞩目的伙伴关系提供了必要的信誉、专业知识和实际支持，从无到有建立了一个全球公认的、学术要求严格的本科课程体系。许多事实表明与麻省理工学院的早期交流合作"向SUTD的学生灌输了非常特殊的创新文化"，这种文化现在已经在SUTD学生群体中生根发芽。其他访谈者指出麻省理工学院与SUTD教师之间建立了有效的协作方式来共同设计课程："在合作计划中，会遇到很多未知状况，但麻省理工学院有能力和兴趣与我们一同尝试有趣的事情，共同推动课程的持续改进。"

第三个也是最重要的因素是SUTD的领导能力。在麻省理工学院的支持下，SUTD任命了一个世界级、精心挑选的领导团队，聘用了一支优秀青年教师队伍，这无疑帮助SUTD持续突破科学和技术的边界，推动了以设计为核心的研究和创新。SUTD学术带头人的访谈反馈表明，他们最重要的特点之一是有共同的教育愿景和明确的个人承诺，即建立工程教育的新范式。在加入SUTD之前，根据自己的教育改革经验，学术带头人们对这一大学教育理念深信不疑，因此相关制度安排得到了SUTD教师的认可和理解。用一句话来说，"管理层给予我们灵活性去尝试新的想法……他们专注于厘清学生将如何受益，一切都具备开放性。"学校支持教师在教学中自主决定相互合作与创新，这种独特文化正是学术带头人们所塑造的。正如一名SUTD教师所指出的，"这是一种无边界的文化"。

B.5.2 面临的挑战

访谈反馈显示，SUTD的教育在未来几年将面临两大挑战，下面我们将分别讨论。

第一个主要挑战是保持和增加大学本科生的入学人数。目前每年大约有450人入学。SUTD将努力使入学人数增加到每年1000人。由于海外学生的入学率一般为30%，因此学校必须主要面向新加坡国内招生以实现这一增长。访谈反馈指出了一些可能会限制其招生的因素。

·新加坡高等教育的竞争日益激烈。在过去的十年里，该国公立大学的数量翻了一番，从三个增加到六个，而且新加坡国立大学和南洋理工大学都在全球大学的排名中快速上升。

·新加坡未来的学生人数将由于持续的低出生率而下降。"越来越多的新加坡大学将争夺日益缩减的生源，这会造成规模和质量方面的问题。"正如一位受访者所评论的那样："他们需要考虑到学生的顾虑和理想，以保持招生率。"尤其是在与麻省理工学院的教育合作结束之后，很多潜在的新加坡学生和他们的父母不愿意冒着风险选择非常年轻而且没有进入全球大学排行榜的学校。

访谈反馈表明，最后这个因素带来了最紧迫的压力：

"新加坡整个社会非常重视教育的价值，因此人们不愿意承担教育风险……父母们并不关心教育本身的问题，而是关心'我的孩子是否能够通过这个新大学找到工作'。"

尽管面临这一挑战，2017年3月，新加坡毕业生就业调查报告显示[①]：SUTD最近的毕业生中超过90%在毕业后六个月内获得了工作岗位，并且在所有新加坡高校毕业生中的平均薪酬最高。一位观察者将之描述为"证明SUTD教育有效性的终极证据"，这无疑将有助于该校树立品牌。

第二个主要挑战是教育方法及其文化的规模可扩展性。受访者一致指出，该大学当前的小规模教师和学生群体有助于其培养和塑造共同的校园文化和大学理想，较小的规模使其能够迅速应对早期发展过程中所出现的各种问题和机遇。然而，许多SUTD的受访者提出了这样的问题：

"当我们不再是一所小型大学时，应当如何保持这种合作文化，并使它不会随着时间的推移而逐渐淡化？"

用一位SUTD教师的话来说："当前，我们是一支志同道合的小团队，它非常个性化。当团队人数持续增长时，我们如何才能保持如火般的热情？"受访者

---

① 新加坡教育部 2017 年毕业生就业调查报告，https://www.moe.gov.sg/docs/default-source/document/education/post-secondary/files/sutd.pdf

指出，在不增加新的官僚体系和分支机构的情况下扩大学校规模将面临这一挑战："随着大学迎来更多的教职工，每个分支机构是否会进入一个相对孤立的环境？"受访者最重要的担忧是，伴随新教师的加入，大学规模持续扩张，长此以往将会损害SUTD对变革创新和以学生为主导的教育愿景的承诺。SUTD的很多新教工被描述为"注入新鲜血液的博士后，他们没有受到过去几十年大学的传统影响"。因此，他们被认为"更愿意采用开放的教育方法，并且愿意从事每年长达12个月的教学工作"。而那些新加盟的处于职业生涯中期的教师可能会面临这样的问题，"他们不愿意接受我们的教育愿景和设计理念，可能会将大学推向传统高等教育的规范模式"，例如，在课程中采用以教师为中心、以讲授为主导的教学方法，或者不愿意持续更新项目课程的主题从而停止教学改革实践。

显然，SUTD的领导层在提倡和支持以设计为核心的、多学科的主动学习模式中发挥了至关重要的作用，他们确保了大学教育愿景、创新文化和教学方法的持续演进。首任校长在创建这种教育文化的过程中发挥了关键性作用。SUTD正充满信心地期待一位新校长的到来。在培养出第一批毕业生之后，SUTD已经在工程教育领域中获得了举足轻重的地位。正像它所承诺的，它实施了一种新型的工程教育模式，将学术严谨性和未来全球领导者应具备的特征有机结合起来。

附录 C
伦敦大学学院工程学院案例研究

选择伦敦大学学院作为案例研究的原因

2014 年，伦敦大学学院（UCL）工程科学学部在工程学院领导下实施了一项教育改革计划——综合工程计划（Integrated Engineering Programme, IEP），这是面向所有工程专业本科生的全方位改革。新教育模式由两个部分组成：

· 一个 UCL 工程学院所有本科生均采用的课程结构，该课程结构围绕一系列真实的工程项目设立；

· 共享的多学科团队项目和辅修专业，将 UCL 工程学院所有学生聚集在一起。

UCL 工程学院的入学人数相对较多，2016—2017 学年有超过 950 名学生进入了该学院，几乎所有的学生都参与了 IEP 的学习。其中第一批工程学学士于 2017 年 7 月毕业，工程学硕士于 2018 年 7 月毕业。

第一阶段的思想领袖认为，UCL 工程学院是全球本科工程教育的"现任领导者"和"新兴领导者"。许多专家指出"像 UCL 这样的大学实施如此雄心勃勃、具有前瞻性的教育改革具有重要意义"。正如一位受访者所言，"这是一所大型的研究密集型高校，排名世界前十，但是他们并没有满足于此，而是认真地对待本科教育。"

C.1 背景

C.1.1. 大学背景

伦敦大学学院（UCL）成立于1826年，本部位于伦敦市中心的布鲁姆斯伯里（Bloomsbury）地区。该大学包含从美术到医学，从天体物理学到人类学的广泛学科。近年来，该大学的规模和声誉都有显著增长。仅在过去的十年里，学校的本科生已从12000人增加到18000人，研究生已从7000人增加到21000人。同时，UCL在国际大学中的排名迅速提升；在QS世界大学排名[①]发布的第一年（2004年），UCL排名第34位；如今排名前十。UCL拥有显赫的全球研究声誉。在2014年发布的英国全国大学研究评估报告中[②]，UCL被评定为全英领先的研究型大学。

工程学院是UCL11个学院之一。它包括11个系，其中9个提供本科学位课程[③]。在过去的十年中，UCL工程学院的本科生人数增长了近三倍，达到3000多人。学生人数增加是因为学院[④]近期开设了新的学位课程以及现有课程规模的不断扩大。例如，通常学生人数最多的是机械工程系，该系的本科生人数从21世纪初的45人增加到如今的150人；学生人数最少的是医学物理学、生物医学工程系的生物医学工程专业，仅有25名学生。UCL工程学院的教职工和学生非常国际化，本科生中45%是非英国国民。

C.1.2 国家背景

英国的高等教育环境与其他国家相比有几个突出特点。学生参与率高：近几十年来，随着入学人数的逐渐增加，超过一半的英国年轻人都选择接受高等教育。英国也吸引了大量海外留学生，约占本科学生总数的19%，这使得英国成为全球海外留学受欢迎程度排名第二的目的地。英国政府对高等教育系统的投入也

---

① QS世界大学排名，https://www.topuniversities.com/university-rankings
② 2014年卓越研究框架，http://www.ref.ac.uk/
③ UCL工程学院提供本科课程的9个系是：生化工程，化学工程，土木、环境与地理信息工程，计算机科学，电子电气工程，管理，机械工程，医学物理学、生物医学工程与安全和刑事科学。
④ 计算机科学系于2000年从数学和物理科学学院转入工程学院，并于2014年建立了新的生物医学工程和管理科学项目。

很多，是经合组织（OECD）中投入最多的国家之一[①]。在英国，高等教育投资有相当一部分是以政府支持学生贷款并以缴纳学费形式来实现的。20年前，英国在本科阶段引入了学费制度，从那时起学费每年逐步增加。政府对学费设定了"上限"，即每年9250英镑（约合12000美元），大部分英国大学对所有的学位课程均收取学费。因此，英国毕业生中学生的平均债务显著增加，在过去四年中翻了一番，达到了5.08万英镑（约合6万美元）。

学费的增加更加突显了英国本科教育的质量问题，这促成了大量国家标准体系的引入，以监测和改进教育绩效。例如，2005年推出了全国学生调查计划（NSS）[②]，这是针对英国所有大学中最后一学年学生的年度调查报告，以了解学生如何评价其所接受教育的质量。近期，英国政府推出了卓越教学框架（TEF）计划[③]，这是一个自愿参与的排名系统，用于评估大学本科生学习环境和学习结果。该框架目前的试点采用全国性量化指标，如NSS分数、学生留存率、毕业生就业率，以及大学的书面陈述，据此将教育机构的教学质量评为铜级、银级或金级。该试点的成果于2017年6月公布：UCL获得白银级别。从2020年起，TEF的结果将被用来确定英国每所大学可以收取的最高学费水平。

C.2　UCL工程教育的发展

本节概述了UCL综合工程计划（IEP）发展的三个重要时间段：

·课程改革的基础（2011—2012）；

·设计全新的系统教育方法（2012—2014）；

·在 UCL全工程学院推出IEP（2014—）。

下面将依次讨论以上三个时间段。

---

① OECD, 2016. Education at a Glance 2016: OECD Indicators, Country Note: United Kingdom, OECD Publishing

② 全国学生调查是英国大学的毕业生年度调查，记录他们对教育质量的看法，http://www.thestudentsurvey.com

③ 卓越教学框架，http://www.hefce.ac.uk/lt/tef/

C.2.1 课程改革的基础（2011—2012）

受访者将UCL工程学院[①]2011年之前的本科教育描述为"非常注重工程科学，非常传统，很少有团队合作或实践工作"。此外，"尽管我们在研究项目中一直非常擅长跨学科合作方式"，但是UCL各个系在教育领域仍然"独立运作，存在非常传统的学科孤岛"。确实，正如一位受访者所说："我们的教育只是中规中矩，乏善可陈。"在"教育方式40年来变化不大"的背景下，受访者关注到了本校院系创新的星星之火，其中以土木工程系最为显著。2006年，土木、环境与地理信息工程系（CEGE）对本科课程进行了全面改革，创建了一个项目，融合了工程学科理论与一系列真实的沉浸式项目。

改革的种子在2011年初播下。在内外部因素的驱动下，时任伦敦大学学院工程学院院长愈发确信教师需要采取截然不同的方式进行本科教育。改革的内部驱动力源于人们认为"学院没有提供独特的（教育）服务"，并且也没有"发挥教职人员的集体力量"，"没有让课程为集体共享"；推动改革的外部因素在于担心工程专业毕业生离开UCL时缺乏专业技能，无法胜任21世纪多元化的工程技术职业，也没有"熟悉核心工程技能"。正如前院长所评论的那样：

"对于我们的项目与我所经历过的工程教育，我都并不满意。我想要看起来像UCL风格的东西，能够体现我们的精神、我们的价值观和我们的工程愿景。"

经过数月的调研和努力，这位前院长在2011年年中起草了一份文件，详细介绍了"所有（工程）项目的再设计"，并发放给所有院系的教职人员。这份文件很快得到了回应。正如前院长所回忆："大家的反应非常强烈，同时最好的结果出现了——突然之间大家开始真正地投入其中。所有的教育理论起初都只是出现在脑海中，但当你提出一个课程计划时——当他们看到讲座和时间安排的时候——他们才开始真正地参与。从那时起，我们从各学院得到了令人惊叹的建设性反馈。"

"通用工程计划（Common Engineering Programme）"是一项覆盖全学院的教学项目，涵盖了许多要素，包括解决实践导向型的工程问题、跨系核心工程课题的联合教学、引入专门辅修课程。虽然大部分课程的所有权依然保留于院系，但是这个项目议案构建了一个通用性跨院系课程框架，其中最重要的便是形成一支

[①] 2014年以前，UCL工程学院被称为工程科学学院。

跨学院的教师队伍。这项提案在各院系引发了相当热烈的讨论，教师们很关注课程改革的益处、改革形式和改革重点。虽然许多人在最初持怀疑态度，但事实证明，众多环境因素促使需要进行教育改革的院系参与其中。一个因素是学生人数的快速和持续增长："班级规模显著增大……教职工数量没有相应的增长。我们着实很为难，我们知道有些事情必须改变。"与此同时，鉴于全国学生考试的分数"令人失望"，一些系迫于越来越大的压力，不得不改变他们的教育方式。

C.2.2 设计全新的系统教育方法（2012—2014）

新的公共工程课程的设计要求大约120名研究人员和80名教学人员进行跨学科的参与和努力。它经历了如下三波主要的活动浪潮。

第一波：同意采用通用性教育方法。新上任的院长面临的首要任务是征求学院内外的意见，并就通用性教育框架的重点和结构达成广泛共识。经过六个月的"与人交谈并倾听他们的意见"，他在每个院系召集了一个工作组来探讨问题，比如"院系希望毕业生拥有什么技能""已存在哪些好的实践"。工作小组还详细检查了每一院系前两年的课程，并用海报形式展示。到2013年年中，"几轮会谈后，我们便来到了规划阶段"，形成了一个多方认同的通用性教育新框架，如专栏14所示。虽然保留了院长最初提议的许多要素，但考虑到各院系提出的重大关切，它并没有对基础工程科学的教学进行交叉融合。为了反映这一重要转变，教育框架被重新命名为综合工程计划（IEP），强调"通过紧密连接的课程完成跨院系整合和学生教育中各层面的整合"。

专栏14. 跨学院委员会一致通过的IEP两大核心组成部分

·通用课程结构：尽管所有工程专业的学生从入学开始都将在特定学科内学习，但前两年的学习将采用通用课程结构。该课程结构的核心在于一系列的场景项目，以五周为一个周期，学生们将先花四周的时间学习一系列知识和技能，这些知识和技能将在为期一周的密集设计项目中得以应用；

·共享性多学科内容：整个学院的所有工程学生将聚在一起参与一系列多学科项目。

第二波：系部课程改革。第二波活动聚焦于围绕IEP框架重新设计课程。2014

年9月IEP推出之后，这一课程改革的过程非常迅速，工作人员倾注了大量努力。为了减轻学术人员的负担，大多数系都聘请了一批教学人员来推动变革，他们普遍具有充足的教学或行业经验和知识。许多受访者指出，这一阶段的工作引起了系内部关于本科课程重点和目标的激烈争论："IEP带来了很多问题，比如我们想要培养什么类型的毕业生……我们实际上需要什么样的教学模块？"，各系之间形象、文化和着重点的差异，导致课程改革方法的差异很大。有些系（如化学工程）借此机会彻底改革整个课程和教学方法；有些系则"重新配置他们的（现有）课程以适应IEP框架"，而不进行更深层次的变化；有些系，如生物医学工程，是第一次开发本科生课程，并将IEP框架作为"构建新课程的支柱"。

第三波：开发综合工程计划（IEP）的跨学院模块。 第三波活动聚焦于IEP的跨学科教学内容，由新上任的教学研究团队指导。在一系列小规模试点之后，IEP在2014年6月以全科系700名学生为对象，进行了一次模拟测试。测试关注的是新课程最复杂的部分：如何改变世界（How to Change the World, HTCTW）。这是一个开放式的、为期两周的人文领域挑战，汇集了所有工程专业的大二学生。测试尤其受到了学生参与率低的影响。学生的低参与率主要是因为参与者没有接触过开放式问题，以及学生在期末考试后有些"筋疲力尽"。

在UCL工程学院进行教育改革的同时，大学整体教学环境也进入了深远变革时期。尽管过去十年学生人数有显著增长，但受访者普遍表示"研究是优先于一切的事项"。2013年，一位新的教务长上任后，非常坦诚地表示他"继承了一所世界一流的大学，但忽视了教学"。他表明"许多新任命的高层领导很快就会到来，包括学生事务副校长和教学促进中心主任[1]，他们每个人都致力于教育文化改革，对奖励教职工为提高教育质量做出的贡献表示支持"。

在随后的几年中，整个大学实施了一系列意义深远的改革。例如，2014年，伦敦大学学院启动了互联课程[2]，其本科教育愿景是"将学生与研究联接起来、将学生跨学科联接起来、将学生与现实问题联接起来"。在此期间，UCL还启动了任用和晋升制度的彻底变革，密切关注如何使教学成果得到认可和奖励。

许多受访者指出，学校对于教育文化改革在制度方面的承诺，以及改革的新

---

[1]　教学促进中心，https://www.ucl.ac.uk/teaching-learning/professional-development
[2]　互联课程，https://www.ucl.ac.uk/teaching-learning/sites/teaching-learning/files/connected_curriculum_brochure_21_june_2017.pdf

工具，推动了IEP的发展。用一位受访者的话来说：

"……众星云集……我们有一位注重教学的教务长，一位持支持态度的副教务长，一位正在带动并希望看到改革发生的院长，以及一些来自UCL外部的、愿意尝试新事物的新任系主任和讲师。"

C.2.3　在UCL全工程学院推出IEP（2014—）

IEP于2014年9月启动。专栏15对这一课程计划的创新特征进行了阐述。在入校的第一周内，所有工程专业的新生都体验了IEP的核心多学科活动：为期五周的挑战任务和共享性设计与专业技能（D&PS）模块。然而，受访者一致指出，在最初几个月里，"学生的很多负面反馈"使得一些研究人员对系统课程改革的优点持怀疑态度。正如一位受访者指出，"仍然存在很大的质疑声。一些（学者）认为IEP是强加的，仍然需要更大的说服力"。

专栏15. IEP的创新特征

· 挑战任务：一年级新生需完成两项为期五周的密集设计项目。在IEP的第一次迭代中，这两个挑战都具有跨学科特征，将工程学院的所有学生汇聚在一起。

· 情景循环：为期五周的课程群，巩固了第一年和第二年的课程，学生们将花四周时间学习工程理论和技能，然后将其应用于一个为期一周的设计项目。

· 设计和专业技能（D&PS）模块：该模块贯穿于前三年学习，旨在培养学生的个人和专业技能。

· 辅修专业：面向UCL工程学院第二和第三年学生的专业选择。

· HTCTW：一个为期两周的多学科项目，侧重于重大的社会性挑战。

受访者指出了一些因素，这些因素使得IEP在早期实施过程中面临一些问题。其中有三个问题较为突出。第一个问题与即将入学的学生缺乏准备有关。第一批在IEP下学习的学生对他们所经历的开放式问题和自主学习毫无所知："确实有一种文化冲击，为什么他们不能给我们答案？"第二个问题则与IEP核心内容的融合和交叉渗透有关，特别是关于D&PS模块。虽然D&PS作为一个独立的模块实施，但是它在整个场景和挑战中与学生的学习紧密结合，使他们能够在真实的环

境中学习、反思和应用他们的专业技能。然而，在IEP的早期迭代中，这种整合具有挑战性，一些学生和院系的感受是"专业技能（模块）与其他课程没有多大关系"。第三个问题涉及1号挑战项目（Challenge 1）：这是一个在课程前五周进行的项目，届时该学院的所有一年级学生都聚集在一起。其要求学生们组成多学科团队，解决世界各地不同国家可持续能源需求的真实问题。然而，许多学生却很难理解这些问题，他们认为问题"太模糊，似乎与自己所理解和选择的学科无关"。

针对这些反馈，学校于2016—2017年度对IEP进行了一些重大调整。最重要的是，为1号挑战项目提出了"入门"措施；2016年9月，每个系都设置了一个新的为期五周的体验项目，向新来的学生介绍各工程学科，并让学生参与项目学习。1号挑战项目所采用的新方法在专栏16中有所介绍，该案例取自机械工程系。

专栏16. 1号挑战项目（取自机械工程系）

2016—2017年度1号挑战项目旨在吸引学生，"让他们从第一天起就参与到一些真实的场景中去"。该项目围绕一个单缸内燃机构建。150名新入学的学生被分成六组，每组都拿到了被拆分成零部件的引擎。然后，每组学生再被分成5个小组，每个小组"分配到一个子部件"，如燃料系统或汽缸头。

通过现实版的"拼图游戏"，小组需要研究其子部件的每个零件，并确定如何将它们组装在一起。尽管学生不需要直接动手，但在五周结束时，"所有小组的引擎都需要正常运转"。与1号挑战并行实施的D&PS模块被直接集成到了项目中。例如，这些模块向学生介绍了他们在创建引擎组件的工程图时需要用到的CAD软件包。在项目结束时，每个学生需要准备一段简短的视频，并各自汇报他们的部分，每个小组还要制作一个视频介绍"他们的引擎如何工作"。

尽管早期面临诸多问题，第一届参与IEP的学生在接受采访时指出，随着研究的开展，他们对新课程有了新体验。许多人认为那些真实场景"是一个亮点"，让他们能够在"紧张但真正有趣的一周"内，将之前模块中的知识融会贯通，并应用于其中。"有一次经历似乎改变了学生对IEP的态度"，在大二的最后一个学期，UCL的工科学生往往会申请行业实习或暑期工作。当IEP学生开始着手申请时，很多人都惊讶地发现他们在IEP中经历的挑战和情景"都是面试官想

谈的……"，"他问我是如何处理冲突以及如何管理时间，（我发现）我有很多话要说！"同样，许多受访教师指出，学生的实习申请经历表明：

"……他们从面试中得到的积极反馈使他们重新思考对我们所做事情的误解。他们成为IEP的最佳推广人……然后他们开始向下几届学生宣传IEP。"

由于这些外部经历体现了IEP对学习和就业的益处，学生的参与度逐渐提高。当第一届IEP学生在第二年末参加HTCTW时，观察人员一致指出"教室里有真正的能量……（出现了一些奇妙的想法）"。第一届和第二届IEP学生也给予了同样积极的反馈，许多人认为他们通过与"不同工程背景的同学"以及不同行业的校外专家合作从而获得了技能。

至2017年初，随着最初版本的IEP的推出和完成以及学生进入第三年的学习，注意力开始转向壮大这个教育平台。在接下来的几年中，IEP团队将在三个方面投入特别的努力。

· **基于最新的实证研究数据和世界一流大学的专业经验，确保教师的可持续职业发展。**这将通过工程教育中心（CEE）[①]推进，该中心成立于2015年4月，是全国工程教育研究的主要机构。

· **提供更真实的行业体验。**例如，目前正在计划于本科或硕士阶段的最后一年建立一个可供选择的基于行业的项目，该项目将由来自UCL工程学院的跨学科团队负责。

· **在新大学校园内支持工程学院的规模扩张。**2022年，伦敦大学学院将在伦敦2012年奥运村启动一个新校区。UCL东区[②]将为工程学院提供2500平米的新教学空间以及一些新的本科课程，如工程设计和机电一体化。

---

① 工程教育中心，http://www.engineering.ucl.ac.uk/centre-for-engineering-education/
② UCL东区，http://www.ucl.ac.uk/ucl-east

C.3 UCL工程学院的教育方法

受访者指出了IEP的一些显著特征。

·**通过跨院系的项目和体验进行跨学科学习**：让学生"脱离学科孤岛"，向他们灌输与其工程学科地位、作用相关的重要观念，以及培养他们"有效地与不同背景和观点的人一起工作"的能力；

·**将知识应用于实践**：让学生将自己的知识运用到真实的工程问题中，使他们在整个课程计划的学习中温故而知新，其中许多是与行业、慈善机构、发展机构和地方社区的合作伙伴共同开发的；

·**将工程作为促进世界积极变革的工具**：正如受访者指出的那样，"帮助学生从一开始就认识到工程师拥有改变世界的力量"，培养他们运用工程技能造福社会的能力和信心；

·**发展职业能力**：提供一种教育，将严谨的工程基础知识与"许多不同职业技能（如人际沟通、团队合作和技术写作）真正结合起来"。

UCL工程学院并不是唯——个以发挥上述功能为目标的教育机构；全球许多工程学校或多或少也有上述愿景。然而，UCL工程学院整个课程计划的应用规模很大，整合程度很高。在全球许多工科学校中，以学生为中心、基于项目的课程仅适用于学生人数较少的情况。此外，在提供真正的多学科挑战的情况下，这些课程通常与其他课程隔离开来，学生们难以将这些经验与他们在"核心"工程模块中的学习经验联系起来。相比之下，IEP为学生融合了所有工程学科核心课程。UCL工程学院从8个系招收了1000名工程专业新生，他们亲身参与了真实可信的工程项目，并与他们学系的学科模块集成在一起，形成了一个连贯的课程结构。此外，IEP为学生提供了一系列截然不同的项目体验，范围、长度、格式、强度和评估标准各不相同。这种多元化的体验可以帮助学生发展灵活的、适应性强的解决问题的方法。

一系列重要的团体、工具和支持系统大大加强了UCL工程学院进行大规模教育创新的能力。下面给出了三个例子。

第一，IEP团队集中聘用了新教师队伍为IEP转型带来了专业的知识和严谨的教育。这些教学人员通常不仅仅履行行政或教学职责，许多人拥有贯穿整个课程计划的经验，以促进学生学习的连贯性。IEP核心团队还在"建导（facilitation）"等方面提供了教职工培训，以推动学院引入以学生为中心的学习方式。

第二，IEP的引入促进了学生评估方式的进步。以项目为中心的课程需要确保学生对小组的贡献得到适当的认可，并相应调节评分。以项目为基础的学习是IEP的核心，UCL工程学院致力于开发新的同伴评估工具，这些工具被证明是创新和有效的。UCL工程学院开发的新工具包括：

·为第一年的挑战任务制定和引入学生创建的同伴评估标准，每个团队确定并同意在项目结束时评估成员的贡献[1]；

·由生物医学工程系开发的"360度同伴评估"工具。允许学生回复和审查队友所做的评估，并调整相应的分数；

·定制了一个在线同伴评估工具[2]。

第三，UCL工程学院建立了工程教育中心（CEE）。它包含两个功能：一个面向内部，"通过评估学生的学习和提供学术支持来帮助我们改变教师的教育文化"；一个面向外部，"推进工程教育知识进步"，并影响其他地方的实践。由UCL工程学院和UCL教育学院[3]共同主办的工程教育中心，使UCL教育研究人员与全球各大机构的顶尖学者聚集一堂。2017年年底，工程教育中心任命了其第一个博士后开始正式评估IEP。2018年9月，它推出了工程教育理学硕士课程。

表5介绍了UCL工程学院本科教育方法的主要特点，资料来自学校相关文件和访谈反馈。

表5　UCL工程学院本科教育方法的主要特点

教育特点	解读
入学的标准	2012年，UCL不再面试意向学生，只接受高中成绩达到"A"和提交书面申请的候选人。UCL工程学院传统上要求学生的数学和物理成绩为"A"，然而，由于女生只占其中20%，大多数系在引入IEP之后放弃了这一要求，以"解决学生的性别平衡问题"。
灵活性和学生的选择	学生从入学到攻读学位期间，一直在他们选定的学科领域内学习。这些选择包括辅修专业（2年级和3年级）与选修课（4年级）。

---

[1]　Roach, K., Smith, M.S., Tilley, E., et al., 2017. How Student-generated Peer-assessment Rubrics Use Affective Criteria to Evaluate Teamwork. 该论文在SEFI年会上发表。
[2]　IPAC联盟，https://www.ucl.ac.uk/teaching-learning/news/2017/mar/how-assess-fairly-student-contributions-group-work
[3]　教育学院，http://www.ucl.ac.uk/ioe

续表

教育特点	解读
跨学科工作的机会	IEP 为学生提供了与其他工程学科的同学一起工作的机会。许多系的学习场景和项目将学生与行业、慈善机构，以及更广泛的社区联系在一起。
教学方法	受访者估计，在大多数系，大约 40% 的课程是基于项目来完成的。剩下的课程主要是"核心"工程或设计内容。在这些课程中，实践因系而异。
评估和反馈	尽管 IEP 在第一和第二学年末设置的考试数量略有下降，但它在其余时间还引入了新的与项目工作相关的日常评估。几乎所有这些评估都是总结性的，需要第二次评分。因此，很多系的受访者提出"引入 IEP 后，净评估负担增加了"。此外，IEP 的引入也预示着有若干新工具被用以评价个人对团队项目的贡献。
教育和学习支持	在教师层面，通过 IEP 中心和工程教育中心提供教育和学习支持与培训。在大学层面，UCL 提供专业性教与学发展支持，同时提供申请"Change Maker"补助金的渠道（该补助金用于教师／学生合作性教育改革项目）。
奖励和表彰教学	UCL 支持三种职业发展路径：学术路径、以教学为中心的路径和研究路径。在笔者编写本案例研究期间，大学正在对这些途径进行重大改革，其中重点是改进对教学成果的认可和奖励。例如，新的以教学为重点的晋升路径设置了"专业教育研究员"职位，并且学术路径在教育影响力层面提供了更大的发展空间。
教育研究活动	受访者报告说，自从引入 IEP 后，学院工程教育研究能力显著增长。重点领域包括：（1）基于问题和技能的学习；（2）工程专业在学校教育、高等教育和学生职业生涯中的参与度和包容性。
课外机会	除了课程之外，还有一些由学生主导的社团，其中许多关注工程的拓展与延伸。工程学院的学生也积极参与了 UCL"全球公民计划"。

C.4　课程设计

图11提供了IEP课程大纲，它包含两个部分。

1. **所有系在一年级和二年级学习期间通用的课程结构**。虽然这些模块是在系的层面设计和实施的，但它们的目标、格式和评估标准在整个学院通用。这个通用课程框架汇集了以下这些关键要素。

·挑战式课程：在第一学年的初期，两个沉浸式的为期五周的项目向学生介绍工程的角色和范围，并为他们的学习设定背景；

·场景式课程：一系列为期五周的课程项目，学生花费四周的时间学习重要的工程技能和知识，随后将之应用于为期一周的密集设计项目；

·设计和专业技能：一种技能发展的结构化程序，学生可以在他们的场景项目和挑战任务中进行建立和应用；

·辅修科目：通常是介于工程学科之间的专业，如可持续建筑设计、海洋工程和再生医学；

·核心工程模块：主要是特定学科的工程内容。

2. 跨学科的经验，汇集了UCL工程学院每个年级的大部分或全部学生。 由学院集中协调并由跨学院团队教授，主要包括以下内容。

·2号挑战：由整个学院的学生共同解决多学科问题；

·通用专业技能：约占全部教学内容的1/4，对所有系都是通用的；

·数学：唯一覆盖全学院的核心工程模块；

·如何改变世界（HTCTW）：第二学年末开展为期两周的多学科项目，学生需要解决开放式人文领域问题。

IEP主要侧重于UCL工程学院本科和硕士项目的前两年教学，三年级和四年级的学习主要由各个系决定，但大多数情况下个人与小组项目、选修课与核心学科的内容会结合在一起。

IEP的每个关键元素，即挑战式课程、设计和专业技能、核心工程模块、场景式课程、HTCTW和辅修科目，将在后面的小节中依次进行介绍。

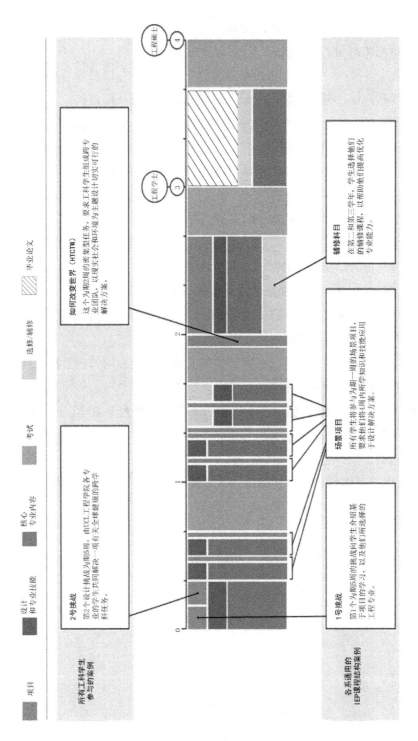

图11　IEP课程大纲

114

C.4.1 挑战式课程

在本科期间，UCL工程学院的700名学生[①]将参加两个为期五周的挑战任务，旨在"介绍团队合作和体验式学习，工程设计的内涵，以及工程师在全球范围内可能产生的影响"。其分为两个阶段：

·1号挑战是由系设计和实施的。它要求学生选取开放式问题，"探索并完善它，然后开展研究并提出想法"；

·2号挑战为所有工程专业学生提供跨学科体验。

C.4.2 设计和专业技能（D&PS）模块

D&PS模块为学生专业工程技能的发展提供了一种结构化的路径。大约1/4的D&PS模块是由IEP核心团队交付给各系的，涵盖团队合作、领导力、沟通和项目管理等"交叉主题"。需要"系特定视角"的模块，如技术制图、设计、风控、伦理、法律和专业标准，由系自主开发和实施，通常由一组教研员具体负责。

D&PS模块旨在与挑战任务和场景项目相协调，以确保这些项目所需的关键技术可以"及时"被开发。例如，在1号挑战期间，D&PS模块将学生聚集在队伍中，反思并建立他们的团队合作和规划技巧；然后，在2号挑战期间，当"学生正在加紧与系之外的人一起工作"时，D&PS模块同时将挑战任务作为探索和开发沟通与项目管理技能的框架。随着学生进入他们的场景项目，这种学习更进一步。例如，计算机科学系在第一年提供为期五周的项目，学生与当地学校合作为10～15岁的儿童开发交互式编程课程。这一经历促使学生将他们的D&PS学习付诸实践，例如"与非计算机专业的人进行交流，并仔细管理项目以按期完成工作"。

C.4.3 场景式课程

IEP的第一和第二学年有六个场景项目。虽然每个场景都是根据不同系设计和实施的，但它们都有共同的结构。一个场景项目为期五周，包括四周的"核心"学习和D&PS模块，紧接着是为期一周的团队项目，旨在"巩固学生在模块中学到的东西并将之场景化应用"。最后两个场景项目将这种结构颠倒过来，要

---

① 攻读管理学理学学士的学生不参与挑战任务。

求学生首先花一周时间处理密集型项目，然后探索支撑它的理论和原则。

场景项目经常借助与行业、慈善机构、地方社区等的外部合作伙伴关系，要求学生"解决实际的工程问题"。随着学生学习的进展，项目方案的设计将变得越来越复杂和开放。大多数场景项目由系教学人员管理，并由相关模块的学术带头人提供支持。每个系都采取了独特的方式来设计和实施他们的场景项目。

C.4.4 核心工程模块

虽然IEP为UCL的工程教育中引入了一系列基于项目的经验，但大部分课程仍然聚焦于"核心"工程学科内容；这些"核心"模块在前两年被重新配置为时长四周的模块，以便为每个为期一周的方案项目提供理论背景。

大多数"核心"模块都按照传统的教学方式进行，主要形式有讲座、课堂教学、研讨会和实验。然而，越来越多的系开始采用积极的、以学生为中心的方法。例如，生化工程的第一学年流体力学模块采用了"翻转课堂"的方法，在课堂上进行视频教学和测验，将课堂知识应用于真实的工程问题，并于课后在线解决问题。

唯一一门通用核心课程[①]，即一年级和二年级的数学，旨在"将工程实践融入数学"。一个由五名学者组成的跨系团队向两组共计600名学生教授数学理论；之后，以系为单位的研讨会要求学生应用这些数学工具来解决特定学科的工程问题。这些研习班具有通用的课程结构和评估标准。

C.4.5 辅修科目

在第二和第三学年期间，所有学生从大约20个选项中选择一门辅修科目进行学习。辅修科目包含两大类：一类旨在扩大学生在与工程相辅相成的学科（如外语和管理）方面的技能；另一类则旨在使学生沉浸于学科交汇处的前沿工程研究领域（如犯罪与安全工程、智能系统与工程以及公共政策）。

C.4.6 如何改变世界（HTCTW）

在第二学年的最后两周，750名UCL工程学院学生聚集在一起参加HTCTW，

---

① 计算机科学、生化工程和管理科学专业的学生将接受单独的、针对特定学科的数学教育，因此不会参加该学院范围的课程。

这是一项全日制的密集性多学科活动。其具有双重目标：（1）让学生感受工程师角色在解决世界主要社会和环境挑战时可以发挥的作用；（2）培养学生应对挑战性和开放式多学科问题的能力。

学生分为五组，分别应对不同的人文领域挑战，例如使用智能技术鼓励节能，或提供安全、清洁的饮用水和卫生设施。然后将学生分配到四至五个多学科团队中，为他们选择的挑战开发切实可行的新型解决方案。HTCTW由一个跨系教学团队提供，由两名学者和一名研究生助教管理每支挑战队伍（约150名学生）。外部合作伙伴，如世界银行、红十字会和奥雅纳工程顾问公司等组织也为学生团队提供有针对性的指导。

学生团队需要在最后的展示活动中向校外专家评审小组进行"海报介绍和宣讲"。

C.5　案例回顾和总结评论

IEP描绘了一张宏伟的课程蓝图：一所世界上一流的研究型大学，实行以学生为中心、基于项目的教学，使学生沉浸在真实的工程实践中。

它在以下三个维度提供了教育最佳实践的典范。

第一个维度是将多学科经验融入工程课程。通过HTCTW等贯穿全学院的活动，促进学生解决多维度、开放式问题。学生与具有不同视角、背景和专业知识的人员合作。这些课程为学生对专业学科在实际工程问题中的作用和应用提供了宝贵经验。

第二个维度是IEP提供连贯的课程框架，它允许学生通过直面现实问题来加强和提高他们对工程理论的理解。课程的大部分内容被分成不连续的集群，其中"核心工程内容"是与沉浸式项目一起提供的，所习得的知识必须在这些项目中得到应用。这种方法在前两年的场景项目中最为明显，受访者强调了由系提供的多样性场景以及设计的创造力和洞察力。

第三个维度是IEP实施的规模。IEP的覆盖面令人印象深刻。这不是一种"螺栓式"体验，也不仅仅只提供给一小部分学生。在UCL工程学院学习的1000名本科生几乎全部参加了IEP。

在注意到IEP早期实施过程中遇到的问题的同时，学生、教师和高层领导都指出，教育方法以及学生体验在几个月和几年后有了巨大的改进。许多人似乎将HTCTW体验看作提高IEP课程质量和影响力的晴雨表，尤其是在最近的三次迭代中，学生的参与度和学习效果有了巨大的提高。许多人认为它"打破了系之间的隔阂"，并为"教育研究精神"提供了一个新平台。还有些人说："我们现在似乎充满教学热情，这完全和以前不同。"

尽管有这些坚实的基础，IEP的还没有实现其全部影响："IEP的真正考验将持续几年，直到我们获知雇主的反馈，以及博士研究生的培养质量情况。"为了系统地捕捉相关证据，工程教育中心正在开展一项纵向研究，以确定IEP对其毕业生的能力、态度和职业发展轨迹的影响。

C.5.1　成功因素

受访者的反馈指出了一些因素，这些因素为IEP的发展和成功实施提供了支持。其中有三个因素特别突出。

·**高质量的教师领导力**：在描述IEP的成功时，许多受访者提到了教师领导力在推动变革中的作用。它被视为一种灵活、反应迅速的领导方式，提供了"愿景与雄心之间的一种平衡，以及使这一工作得以完成的实用主义"。许多受访者强调了IEP的创始人，即后来的负责教学的副院长所发挥的作用。这位教授在UCL待了很久，是校园里著名的、受人尊敬的人物，他带来了"对这片土地、文化和人民的真正理解"。受访者认为他具有"一种柔软的领导风格，能够倾听每个人的意见，人们也会做出回应"。这意味着他们更容易接受改变。

·**支持性的制度环境**：在IEP发展的同时，UCL在教学方面的文化和支持系统正在发生变化，大学领导对教育改革的支持是公开和明确的。用一位受访者的话来说，"这无疑在促成变革中发挥了作用"。UCL晋升体系的改变被认为是一个明确的信号，表明"大学准备把钱花在刀刃上"，以提高教育质量。在这方面，学校向学者们灌输了一种新的信心，即在教学上投入时间和发展专业技能。与此同时，UCL高级工程管理学院的受访者指出，"学校并没有妨碍我们正在努力做的事情"，这为教师们提供了相当大的自由度，让他们能够了解改革的方向和重点。

·**通过向院系授权来推动"自下而上"的变革**：IEP的转型被描述为"一种自上而下的理念，但其实现却是自下而上的"。人们认为，确保各系获得"变革方向的自由"——反映其优先事项、利益和文化的自由——对改革的成功至关重要。在许多院系中，新的教学研究群体以及他们所拥有的才能、精力和想法，对于组建一个"致力于改变"的团队是至关重要的。UCL工程学院目前聘用了大约80名全职或兼职教职工。这些新进教职工很快在他们的系中担任了关键角色，通常负责设计和实施场景项目，或确保"主线课程领域"中学生学习的连贯性。

C.5.2　面临的挑战

UCL工程学院在实施IEP时遇到了一系列挑战，其中一些反映了世界各地的大学在向体验式、以学生为中心的教学模式转型过程中遇到的实际困难。

·**大学学习空间缺乏灵活性**：许多受访者指出，UCL能够提供的灵活的学习空间不足，无法支持IEP基于项目的大型学习体验。此外，一些人表示应该"使项目适应现有的空间，而不是相反"。然而，随着UCL东区先进的教学空间从2022年开始上线，许多问题可能会得到解决。

·**课程"负荷"显著增加**：受访者认为，在实施IEP后，"课程要求比过去更高"。尽管引入了新的课程模块，例如场景和挑战项目，但一些系不愿意"减少现有的核心内容"，导致总体课程时间更长。

·**课程内容结构的整合**：IEP的关键课程模块旨在让学生在其学习过程中进行情境化、整合性和应用式学习。访谈结果表明，这种整合（以及各模块之间主题、知识和技能的交叉融合）需要一些系进一步发展。

然而，尽管面临挑战，但IEP提供了世界一流的教育模式，教师和学校都明确表示希望维持和加深教育改革。同时，系、IEP团队和工程教育中心不断增长的专业教育知识确保UCL拥有坚实的平台，并且继续推进他们的创新和基于实证的课程建设。

附录D
查尔斯特大学工程学院案例研究

选择查尔斯特大学工程学院作为案例研究的原因

查尔斯特大学（CSU）地处澳大利亚东南部，远离该国主要都市区。从2016年起，该校的工程学院推出了一个五年半学制的土木系统工程专业本硕联合培养计划。该计划包括18个月的校内学习和4年的校外工作学习，其中校内学习由一系列基于项目的挑战任务构成。这个课程计划最显著的特点在于其自主在线学习方式。几乎所有的"技术工程内容"，包括知识内容和技能内容，都可以实现在线教学，以供学生需要时访问。

CSU工程学院在研究第一阶段被思想领袖们确定为工程教育十大"新兴领导者"之一。在选择这所院校时，专家们特别强调了其创新式在线学习、项目式学习和基于工作学习的混合教学方式。这个新开发的课程计划被形容为"对工程教育应该怎样开展的问题进行了彻底的反思"，如果他们能够实现这一目标，将会对工程教育"产生非常大的影响"。

D.1 背景

D.1.1 学校背景

查尔斯特大学（CSU）位于澳大利亚东南部的人口低密度地区，离澳大利亚主要都市区较远。1989年，该校由三所高等教育学院合并成立，并以一位英国探险家的名字命名。该校有七个校区，都位于新南威尔士地区[①]。该校每年获得的校外研究经费达1400万澳元，论文、著作产出排名全国第25位。而该校有别于其他国内院校之处，则在于该校的在线学习方式、基于工作的学习方式和该校对地方社区所做的承诺，具体如下所述。

查尔斯特大学一直是澳大利亚最大的远程在线教育提供单位。学校约有40000名学生，其中包括校内本科生、校外在线学习本科生和校外在线学习研究生，三类学生所占比例大致相同。该校在录取本科生时有很多自己的特色。 例如，该校录取的本科学生中，年龄超过21岁的达71%（全国平均水平为54%），校内学生中有77%来自澳大利亚的偏远地区。该校的大部分学生是家里的第一代大学生。2016年，该校只有14%的本科新生表示他们的父母具有本科学历。因此，许多受访者指出："查尔斯特大学的头号'竞争对手'不应该是要不要去上大学这个问题……因此我们在整个教育市场中推荐自己的学校时，强调的是要培养学生接受高等教育的愿望。"该校在教育界的主要"卖点"之一是毕业生的高就业率。该校84%的学生在毕业六个月内获得了与他们所学专业匹配的就业机会，这个就业率在澳大利亚所有大学中居于首位。许多来自校内外的受访者都把这所学校的高就业率归功于其将工作实习整合到课程体系中的做法：

"查尔斯特大学的几乎每门课程都包含了工作实习的部分，确保学生做好毕业后出去工作的准备。最起码你不是冲着查尔斯特大学这块牌子、它的名气来这个学校，你来这所学校是为了将来谋求一份工作和一个职业。"

该校区别于其他许多国内院校的另一个特点则在于其推动建设"地方所需

---

① 该校的七个校区位于分别奥尔伯里－沃东加（Albury-Wodonga）、巴瑟斯特（Bathurst）、堪培拉达博（Canberra Dubbo）、古尔本（Goulburn）、奥兰治（Orange）、麦克夸利港（Port Macquarie）和沃加沃加（Wagga Wagga）。CSU 在布里斯班、墨尔本和悉尼也设有学习中心。

的技术与知识"。几乎每一个来自这所学校的受访者都强调了该校对推动其所在地经济和社会发展做出的承诺。

事实上，查尔斯特大学被形容为"一所敢于担当作为的大学""不会将改善地方人民生活仅仅挂在口头上"。学校所在地区的重点工作，已经对该校制定的许多战略决策产生了影响。该校在面对新想法和相应的投入时，"愿意承担风险"，如斥资4000万澳元，在麦克夸利港（Port Macquarie）镇新建了一个校区，而此前学校的服务无法辐射此地。

查尔斯特大学工程学院位于距悉尼200公里处的巴瑟斯特（Bathurst），蓝山国家公园坐落于学院与城市之间。查尔斯特大学工程学院是新南威尔士地区仅有的两个工程学院之一，"一旦你翻越过蓝山，就（几乎）没有一个人了……如果你看过新南威尔士的地图，除了悉尼以外，这里都是我们的'地盘'"。然而，悉尼是高等教育的一个中心，整个国家10万名工程学生中有将近1/3在悉尼盆地地区学习。相比之下，该校工程学院的教师和学生人数都很少。到目前为止，该学院已有两批学生入学，其中2016年2月入学29人，2017年2月入学28人。这两批学生被称为"半拨学生"（half-cohorts），因为从2018年起该学院每年固定招收50名学生。工程学院的10名员工包括2名工程学教授、2名常驻工程师（Engineers in Residence）、1名实验室管理员和5名教师。他们大部分都具有很强的工程教育研究背景。安排常驻工程师是为了将专业实践、经验和目标期望注入到课程计划中。除了教学和指导学生，学院还期望常驻工程师以咨询顾问身份与地方企业合作来"保持他们工程资质证书的有效性"。工程学院从咨询活动中获得的收入将用于资助各类学生奖学金和课程计划中的工程教育研究活动，其中包括一个新设的博士生项目。

D.1.2　国家背景

澳大利亚是世界第六大国家，约有2400万人口，主要集中于沿海和城市地区，约有85%的民众居住在该近海岸线的50公里范围内。在过去的25年中，澳大利亚接受高等教育的人数大幅增加。目前，全国有43%的成年人拥有本科及以上学历，是经济合作与发展组织（OECD）成员中比例最高的国家之一。近年来，该校国际学生人数也大幅增加，2001—2016年，国际学生占比从4%上升至11%。如今即便是本科阶段，国际学生也占到了招生总数的30%左右。澳大利亚共有35

所大学开设了工程学位课程，全国每年的本科生入学人数约为12000人。

澳大利亚以其活跃的工程教育界而闻名。近30年来，澳大利亚工程教育协会（Australasian Association for Engineering Education）[①]主办了一份全国性期刊，不断巩固工程教育研究的成果。最近的一项分析表明，澳大利亚的作者占世界工程教育类出版物作者的21%，使得该国该领域的出版发行量[②]仅次于美国。

D.2 查尔斯特大学工程课程计划的发展

本节概述了查尔斯特大学工程课程计划的发展，具体分为以下三个时间段：

·查尔斯特大学新工程课程计划的建设基础（2011—2014）；

·查尔斯特大学工程课程体系和教育方式的发展（2014—2016）；

·查尔斯特大学新工程课程计划的推出（2016— ）。

D.2.1 查尔斯特大学新工程课程计划的建设基础（2011—2014）

根植于"支持地方发展和维持地方经济繁荣"的使命，该校结合新南威尔士的地方经济和社会发展需求，构建了本校的学科基础。在建立护理学、教育学和会计学等影响"地方经济命脉"的优势专业基础上，该校在过去20年里进一步多元化发展，设立了牙科、兽医等专业学科。

然而，该校工程专业被公认为为起步较晚、建设较为困难。但在行业和地方委员会对培养技术型工程专业人才、充实地方人才储备的呼声越来越高的情况下，学校开展工程课程计划的建设得到了广泛的认同。尤其是当人们认识到，"如果你在这个地方给学生上课，你就要设法把他们留下来"，当地现有的高中毕业生如果报考工程专业，通常就会"离开蓝山地区，去悉尼或沿海地区上大学，而且永远不会回来"。许多查尔斯特大学的高级管理人员都是经过培训的工程师，

---

① 澳大利亚工程教育协会，http://www.aaee.net.au

② Jesiek, B. K., Borrego, M., Beddoes, K., et al., 2011. Mapping Global Trends in Engineering Education Research, 2005–2008. International Journal of Engineering Education, 27(1): 77-90.

受访者们认为这所学校里的许多人"理解并赞赏工程教育改造社区的力量"。然而，对地处偏僻环境的查尔斯特大学能否办好新工程课程计划的担忧依然存在：

"……我们将建成澳大利亚的第37所工程学院。但在工程领域，我们并没有名气。……所以，最大的问题就是如何让学生选择来我们这里学习。"

查尔斯特大学最后得出的结论是，如果学校要新建一个工程课程计划，那它必须能给潜在的生源提供"完全独特的东西，那些他们在其他任何地方都无法学到的东西"。2011年，该校组建了一个小团队，其任务是完成对学校建立一个"非常规类型"工程课程计划的可行性研究。团队聘请了一名外部顾问以推动研究的发展。这名顾问给该项研究带来了工程教育方面的专业知识、经验和人脉，其中包括澳大利亚工程师认证委员会终身主席，以及国际机构华盛顿协议委员会副主席。

这个团队在分析了大量数据并咨询了毕业生雇主和潜在生源的基础上，开发了一个独特的新工程课程计划，它有潜力"让（当地的）学生留在家乡，并吸引蓝山地区以外的人到查尔斯特大学来学习"，其特色如专栏17所述。这个课程计划的核心是对工作实习的一系列拓展，"给学生提供了获得特许专业工程师（Chartered Professional Engineer, CEng）职位所需的行业经验"。澳大利亚官方工程师认证协会（Engineers Australia）要求工程课程计划中至少包含480个小时的专业实践，相当于12周左右的课程长度。查尔斯特大学新工程课程计划的方案进一步深化了这种专业实践要求，将四年带薪工作实习纳入其中。

专栏17. 查尔斯特大学新工程课程计划的特色

· 设置了为五年半的学制，前18个月开展校内教育，后面四年为校外带薪工作实习；

· 提供了一种独特的教育方式，"精准定位目标受众"，并将目标瞄准全国乃至全球"工程教育的最前沿"；

· 使学生获得"可应对未来考验（future-proof）"的专业能力，包括自我激励、创业态度和系统思维，这些能力可以让学生适应本地区和其他地区工程领域不断变化的需求；

· 将重点放在土木工程专业，这个专业"与地区发展需求最为紧密相关"，而且可以延伸为一个本硕联合培养计划；

> ·将该课程计划建立在查尔斯特大学商学院内，以便利用商学院现有的管理和创业优势。

制定好新工程课程计划的蓝图，得到了学校的审批，下一步就是"找到一个可以领导这个项目的人"。曾参与过候选人遴选工作的受访者们明确表示："具备我们这个项目所需全部素质的人很少……他们需要有远大的抱负，能够成为一个强有力的领导者，并理解教学系统的制约因素，他们需要在工程教育方面证明自己的才能和创造力。所以推荐名单上只有寥寥数人。"

然而，还是找到了这么一个候选人，"完全具备各项素质"，他当时正从中央昆士兰大学（Central Queensland University）工程学院院长的位置上离职。这位候选人在澳大利亚多所大学开展过行之有效的实证性课程体系改革，在国际上也小有名气。正如他自己所解释的那样，这个职位提出要塑造一个开创性的课程计划，不受既有课程计划的文化、教学实践或规程要求的约束，这对他决定接受这个职位产生了重要的影响：

"我知道我永远不会后悔这个决定……这一次，我将不必与现有课程计划的惯性作斗争，学校愿意给予我全力的支持……因为是从零起步，你不需要去取代任何既有事物。"

2014年4月，他被聘任为查尔斯特大学工程学院终身教授。许多受访者指出，他的到来"将这个项目的构建愿景和进程实施推上了一个新的台阶，……（这位教授）能量满满，他把这件事情提到了一个我们甚至完全没有想到的全新水平上。他的激情具有很强的感染力。"

他的首要任务是解决这个新课程计划中的两个重要问题：（1）无法招收到足够的学生；（2）无法建立一个足够强大且稳定的学生工作实习渠道。因此，从上任开始，他大部分的时间都在与地方工程界和教育界建立联系。

D.2.2 查尔斯特大学工程课程体系和教育方式的发展（2014—2016）

查尔斯特大学工程课程计划发展的时间很短。2014年10月，学校高层领导正式批准启动新课程计划，并确定了第一批学生的入学时间为2016年2月。在接下来的501天时间里，需要完成该计划的课程体系、人员配备和学习空间建设。虽然背负着巨大的压力，但学校努力确保这个课程计划的雏形不受到结构和操作方面的限制。事实上，学校的高层领导不断支持和鼓励发展独特的创新教育方式。正如一位受访者提到，该校的时任商学院院长曾说：

"……不仅允许我们做一些不一样的事情，而且给予了我们以不同的方式去做事的权利。学校明白，你不可能在只形成一个同样的产品后就期望它获得成功，你需要与市场其他产品形成错位……学校让我们有机会成就不一样的自己。"

所以，学校给予了工程学院特权，可以抛开每年4门课8个学分的标准教育模式。这种特权为新的课程计划提供了灵活性，形成了校内学生和校外远程学生均可参与的沉浸式项目。工程学院在创建学习空间方面也获得了相当大的灵活性——约1400万澳元的预算。学院的教授与建筑师们通过密切合作设计了一座大楼，该建筑"体现了这个课程计划所要创造的理念和专业水准"。这座大楼中非正式的开放学习空间代替了演讲厅，学生可以24小时随时进出。许多受访者指出，大楼里的这些学习空间在培养学生群体的理想抱负、态度和推动社区发展方面发挥了关键的作用，"他们从早到晚待在学习空间里，开会、制作原型、一起工作，这是一个美好的空间"。

到2015年初，该校工程学院的各个关键环节都在顺利推进中。课程计划的结构已经确定，新大楼正在建设，与可以安排实习岗位的目标企业的讨论工作也正式开始进行。然而，在距离第一批学生报道只有12个月和尚无其他课程计划相关人员到岗的情况下，这位教授所面临的一个重要挑战就是，要在有限的时间内完成课程体系的开发，并确保所开发的课程"真正体现创新愿景"。正如一名观察人士所指出的，"对他们来说，做出妥协其实要容易得多。他们的时间实在太少了，很多人可能会选择从其他地方借鉴（工程课程计划）部分内容，然后把这些内容转化过来"。可是，这位教授选择了一群从国内各地精挑细选出来的工程教育创新者、实践者和研究人员，用这群人所形成的共同经验和专业知识，推动课程计划的发展。

2015年2月，查尔斯特大学工程学院在悉尼的一家机场酒店举办了"有形课程周（Tangible Curriculum Week）"活动。这场为期5天的会议有16人参与，他们主要是来自澳大利亚工程教育界的人士，会议还得到了查尔斯特大学所在地的地方企业代表和教育设计者代表的支持。通过对会议中各方想法和经验的提炼，将目标定为建立一个一流、实证的工程课程计划，并在借鉴全球最佳工程教育实践的同时，不被传统教育方式的做法所约束："我们决定，除非形成课程计划，否则就不离开这个酒店！"与会者们形容这次会议具有高度的创造性、集体商议性和开放的氛围，他们能够在会议上对那些"几乎不可能在自己学校尝试的教育理念"进行探索。用一位与会者的话来说，"我们这些人聚在一起，为一些能对工程教育领域产生重大影响的事情出谋划策"。

"有形课程周"在该校工程学院的发展过程中发挥了重要作用。会议中提出的三个重要提案（详见专栏18）成为了课程计划的标志性特征。在线内容将会以"主题树"（topic tree）形式呈现，这可以说是该校工程课程计划最显著的特征，将核心工程概念和技能分解为三小时长的独立主题，学生可以独立进行在线访问。

专栏18. "有形课程周"期间提出的三项重要提案

· 专业的工程文化：培养"学生工程师，而不是工程专业学生，让学生拥有工程师应具备的所有专业性和自主性"。

· 以自主学习为基础：允许学生独立开展认知、探索和学习。因此，整个课程分为两个独立的部分，一个是集中性的基于项目的挑战任务，要求学生解决真实的工程问题；另一个是用于解决这些问题所需的知识和技能"内容"，学生可以在需要时获取这些知识和技能。

· 融入灵活、一流的在线学习：开发一个为学生提供所有工程知识和技能的在线平台，所有在线资料都以"微课形式供大家自由学习，而不是一门跨越整个学期的课程"。

"有形课程周"结束几周后，新的工程教育教授上任，这位教授之前在美国工作，在土木工程和工程教育研究领域都取得了卓越的成就。接下来的几个月里，该校工程课程计划的建设团队又新增了8名成员，包括5名教师、2名常驻工程师和1名实验室管理员，他们大部分都具有国外教学背景和经验。许多受访者谈到了这个新群体所带来的高端技术和对技术的融合：

"这是一个多元化的团队。他们中的一些人具有工程教育研究背景，一些人具有行业背景，还有一些人是具有不同专业背景的土木工程教师。但他们所有人都热爱工程教育，热爱以学生为中心的教育方式。"

这些人在到岗上任后的几个月里，将大量的精力投入到具体课程体系的开发中，设计了基于项目的挑战任务，并为在线"主题树"创建了各个分主题。这项工作要求对澳大利亚国内领先的各个土木工程课程计划进行标杆分析，并对毕业生雇主展开调查。在课程体系发展的同时，工程教育教授继续建立行业伙伴关系，为学生提供实习奠定了基础。他还建立了新课程计划的外部咨询委员会，汇集了来自地方政府、企业和社会发展组织的重要支持者。用一名委员会成员的话来说，外部咨询委员会的职权在于它可以要求该校的工程课程计划"开展变革性的教育实践，为全球工程教育设立议程……我们所做的一切应该具有积极的颠覆性意义"。有意思的是，被任命为这个咨询委员会主席的是澳大利亚无国界工程师（Engineers Without Borders Australia）组织的前任首席执行官，这反映出新课程计划越来越强调"以人为中心和具有社会价值意义"。

随着课程计划各主要部分的落实，查尔斯特大学从2016年7月开始积极向未来的学生推广这项课程计划。正如许多受访者所指出，给该校的时间太短了："我们在第一批学生入学前6个月才开始做宣传，宣传时间只比（未来的学生）选定报考学校的时间早了两个月。"

D.2.3　查尔斯特大学工程课程计划的推出（2016—）

2016年2月，该校工程学院的第一批28名学生入学。许多受访者指出，这群学生很快就"把（工程学院大楼）当做自己的家"，并在他们参加第一个项目——共同建造一个Rube Goldberg机器①的过程中，形成了一种强大的、具有凝聚力的身份意识。与此同时，许多课程仍在开发当中。用一位工程学院教师的话来说，"我们的进度仅仅比学生快了几个月，（在线的）主题树还在建设中，我们仍在厘清所面临挑战中的各项细节"。伴随着"一个与众不同的全新课程计划的实施"，教职工们也意识到：他们需要对学生不断提出的反馈作出回应，并对课程计划进行实时的调整，以应对各种无法预见的难题。

很快有一个问题凸显出来，那就是很多学生在适应自主学习模式时存在困难。课程计划要求学生通过团队合作去应对真实世界的挑战，同时还要求学生开

---

① Rube Goldberg 机器能够利用"多米诺骨牌效应"，以错综复杂的方式完成一个简单的任务。

展独立学习，从主题树中学习工程知识和技能，这两个要求都会影响学生的学习动机和时间管理。学生群体中开始出现两种截然不同的学习风格，有一些学生的学习积极性非常高，还将大量的时间投入到了他们基于团队的挑战任务中；而另一些学生"看了下工作计划，认为他们不需要做太多的工作，只需进行常规的工作"。然而，这两类学生都没有给主题树的学习安排足够的时间。因此，有许多学生可能会因为没有达到最低学习要求，而无法参加下一年的实习。针对这种情况，该校工程课程计划的建设团队推出了多种机制，鼓励学生制定每周的学习计划，使他们保持稳定的进展，顺利完成主题树的学习。例如，建设团队引入了一个概念性的"MetroGnome"，将其设定为"一个假想的学生，全年以稳定的速度完成主题树学习，并且每周给其他学生发送电子邮件，让大家知道进度如何"。尽管一些学生受访者认为"MetroGnome并不那么受人欢迎"，但是学生们很快借此推进了主题树的学习进度。

2016年6月，查尔斯特大学工程学院举办了第一届"工程节（EngFest）"，这是一项向地方企业雇主和更广泛的社区展示学生们学习成果的年度性活动。这个活动是工程学院第一次面向社区，以获得对新课程计划的评估和对标分析。受访者全部都对学生们的进步情况给出了积极的评价。一位参加过"工程节"的外部受访者表示，他被"学生们的成果所震撼，学生们表达自己想法的方式令人惊叹，而他们只（在查尔斯特大学）待了几个月而已"。虽然该校工程学院学生的学习成果很难直接与其他同行院校进行比较，但在2016年的"工程节"结束几周后，出现了一个有意思的比较点。如专栏19所述，一支尚在处理"1号挑战任务"（查尔斯特大学工程课程体系中的第一个重大项目）的学生团队，参加了EWB挑战赛[1]并获得了冠军，这项设计比赛共吸引了来自澳大利亚和新西兰的9000名工程学生参加。

2017年2月，第二批28名学生进入查尔斯特大学工程学院学习。在这批新生着手解决其最初的校内挑战任务的时候，工程学院的第一批学生正准备开始他们的校外实习。学生实习的分配按照传统方式进行，即学生根据实习"海报"的宣传内容，回复自己的实习意向，入选的候选人在通过（由企业雇主和该校工程学院老师组织的）面试之后确定实习岗位。因此，工程学院的第二届"工程节"，除了展示学院现有两批学生的作品集之外，还成为学院第一批学生的一个重要里

---

① EWB（无国界工程师）挑战赛，http://www.ewbchallenge.org

程碑，因为这批学生"毕业"成为了"学生工程师"，并进入到工作岗位中。第二届"工程节"的外部参与者在访谈中再次对工程学院的课程计划给予了一致好评，大部分人指出，"这些学生的系统思维能力与我在其他地方所看到的完全不同"。

麻省理工学院标杆分析研究（MIT Benchmarking Study）团队在查尔斯特大学工程学院举办2017年"工程节"期间，对该学院进行了实地访问。2017年7月，该学院的首批学生正准备开始他们的第一次实习。许多受访者认为，这种实习经历是对查尔斯特大学工程教育方式质量和影响的"第一次真正的检验"。学生的实习表现取决于他们的专业能力、所接受的教育培养，而最重要的或许是自我驱动和自主学习的能力。正如一名查尔斯特大学工程学院教师所说：

"（当学生实习开始的那一刻）查尔斯特大学工程学院的声誉就走出了校门……学生们比我们更强烈地感觉到，他们身上承载着这种声誉。他们知道，如果他们在实习中失败了，我们在未来将很难获得其他的实习岗位。"

许多人还指出，"在地方上，口碑非常重要。声誉可以很快建立，但也可以被迅速毁灭"。所以，查尔斯特大学工程学院的老师和学生们都感到肩负重任，因此学院对这些学生的实习提供远程支持并实施远程监控。

专栏19. 2016年EWB挑战赛

无国界工程师（EWB）挑战赛最早举办于2007年，该设计比赛面向一年级工程学生，旨在发展以技术为中心的理念，推动真实社会性项目的发展。比赛要求学生以团队的形式开发一个设计解决方案，方案要能够满足主办方和赛事合作伙伴所强调的一项或多项社会发展的需求。EWB挑战赛被澳大利亚和新西兰的30所大学纳入相关的课程体系中。每年约有9000名一年级学生参加比赛。评判标准有很多，包括学生团队展现出来的对技术的理解、相互间想法的交流以及在设计中对经济、社会和环境方面所做出的考虑。

2016年2月，查尔斯特大学第一批学生在开始他们本科学习的两周后，就着手筹备参加EWB挑战赛。2016年EWB挑战赛的设计任务聚焦于西赞比亚的难民解决方案。在查尔斯特大学的参赛队伍中，有一支自称为"不容错过队（Team Too Good to Waste）"的团队将关注点放在了有机废弃物的管理问题上。其中的一名团队成员解释道，"我们都具有农业背景，所以大家一致认为我们应该关注堆肥的制造"。他们对难民营的研究揭示了难民营缺乏新鲜果蔬，导致许多儿童生长发育迟缓，同时存在难以处理有机废物，导致难民营周围的垃圾填埋场不卫生的双重问题。这个学生团队设计并开发了一个旋转堆肥系统原型，该系统由回收的谷物储存桶制成，完全使用当地的材料进行建造，既给营地内的家庭提供了有机肥，同时也减少了环境中的废弃物。

"不容错过队"被选拔为代表查尔斯特大学参加EWB挑战赛新南威尔士半决赛的四支学生队伍之一。随后，他们赢得了EWB挑战赛的半决赛和决赛。在仅推出了几个月的新工程课程计划的培养下，查尔斯特大学工程学生团队就能在这个举办多年的竞赛中取得胜利，这让许多人感到惊讶。正如一位观察者所评论的，"查尔斯特大学建了一所我们很多人都从没听说过的全新的工程学院。这个不知道从哪里'冒出来'的学院，却赢得了这场比赛，真是让人难以置信"。参与组织EWB挑战赛决赛的受访者们一致指出，查尔斯特大学工程学生团队的获胜有两个原因：学生团队高质量的沟通，以及他们将技术工程理念和对地区背景深刻的理解高度整合。一名当地的组织者特别指出，查尔斯特大学的学生团队：

"真正理解和领会了（地方）背景，并且将之融入团队对技术的考量之中。他们考虑到了当地的具体情况，以及如何将它们与技术联系起来……他们像一支为客户服务的专业团队那样，表现出了成熟和自信，而不仅仅是一个学生项目。"

查尔斯特大学工程学院的老师们则把学生团队的成功归结于许多因素，包括学校为团队提供的指导和支持、学生采取的自主学习方式（"学生们真的在做研究，不仅仅是主题树，他们还花时间去了解当地存在的问题"）以及诸如"工程节"这样的活动，给学生团队提供了不断练习和提高表达水平的机会。

D.3 查尔斯特大学工程学院的教育方式

研究邀请所有的受访者阐述查尔斯特大学工程课程计划最显著的特征。该校的学生着重提到了较少的"考试与讲座"和长期的工作实习，使他们"可以在学习期间获得报酬"。该校工程学院的许多老师则指出，他们将"伦理价值观和以人为本的理念"置入了课程体系的设计和实施。然而，来自这项课程计划内外的所有受访者一致认为，有两个因素使查尔斯特大学工程学院在全国，甚至全球范围内脱颖而出。

第一个因素是专业的预就职环境。校企之间的紧密合作是该校工程课程计划的核心所在，并"深植于课程文化和对学生的培养目标之中"。这种课程文化体现在课程体系"强调实用工程和对企业所需人才的培养"，学生从入学开始就能够"解决实际的工程问题，并像专业人才一样得到培养"。这种专业的文化和方式还在工程学院新大楼的设计中得到了明显的体现，用一位受访者的话来说，"感觉更像是一个初创科技企业的工作场所，而不是在一个大学里"。这种文化甚至还体现在该校工程学院老师们所使用的语言当中。他们把刚入学的工程新生称为"学生工程师"，强调这些学生的身份是"专业培训生"，而且学生们只有18个月的时间为之后的实习做准备。

第二个因素是体验式的自主学习。课程计划采用了以学生为中心的体验式教育，强调学生的自主学习。通过给学生布置一系列的校内挑战任务和基于工作的现实问题，使学生能够对处理问题所需的知识和技能进行辨别、掌握和运用，并对学习效果进行反思。这些挑战任务都是真实的，且其复杂程度随着整个课程的推进而不断增加。该校工程课程计划与其他课程计划真正的不同之处在于其自主的在线学习方式。几乎所有的"工程技术内容"（包括知识掌握和技能发展）都可在线获取，学生可以随时随地获取相关信息。工程学院鼓励学生对学习目标进行自主规划和管理。因此，工程学院大部分的老师都投入了大量精力，为学生和学生团队提供面对面的指导和帮助。正如一位校外受访者所阐释的：

"这所学院试图培养学生的主人翁精神，这种精神非常重要。在企业里，我们不能仅仅服从于安排。当今世界如此多变，在一个组织当中，推动项目开展的人要主动而不是被动参与。他们在提出问题的时候，应该要有自觉性和对工作的主动态度。查尔斯特大学所创造的就是一种不同的思维方式。"

表6列出了查尔斯特大学工程学院教育方式的主要特点。

表6　查尔斯特大学工程学院教育方式的主要特点

教育特点	具体内容
招生标准	查尔斯特大学工程学院是澳大利亚唯一一所没有设定数学成绩入学门槛的工程学院。事实上，其课程计划并没有对报考的学生设置学业上的"先决条件"。该校工程学院的一名老师指出，"根据高中成绩，只有一小部分学生（约10%）能进入新南威尔士大学"，也就是这个州最大的工程学院所在的大学。查尔斯特大学工程学院对学生的选拔分为两个部分。第一，要求报考学生回答五个问题，如"工程师如何为社会做出贡献""你将如何为学校的多样性发展做出贡献"以及"你打算如何为接下来在查尔斯特大学工程学院的学习做好学业上的准备"等。第二，入围的学生需要在校内参加30分钟的面试，由工程学院做出最终的选择。
学生选择的灵活性	除了"核心"必修科目之外，学生们还可以根据自己的兴趣和所开展的项目/实习的重点，自由地从主题树中选择主题进行学习。学生也可以自行选择所申请的实习项目。在最后两年的学习中，学生必须在土木工程所包含的结构学、水文学和岩土工程这三个领域中选择其中一个作为专业方向，并完成该领域所在主题树中所对应的必修"分支"的学习。
跨学科的工作机会	该校工程学院的学生在上课学习的过程中，并没有与其他学科学生一起工作的机会。但是，在该校的校内挑战任务和校外工作实习中，学生们将有相当一部分的时间与工程领域外的各类社区和专业人士进行交流。
教学方式	该校工程学院开展以学生为中心的高度体验式教育。它将项目式学习、问题式学习与自主学习相结合。这种教育方式还强调学生的自我反思，让学生设定目标并对自己的进步、成果和失败进行思考。
评估和反馈	学生的评估工作量很大。除了项目或成果作品之外，学生通常还需要每周提交以下评估材料： · 完成主题树中三个主题的学习测验/作业； · 对团队成员在项目中所做贡献进行书面评价； · 对自己实现学习目标的进展和接下来的目标进行反思； · 对自己在成果作品中获得的进步做好记录。 学生们每周还会收到一份自动生成的、关于他们主题树学习进展的报告，以及来自他们的个人导师和挑战任务导师或企业导师的反馈。
教育和学习支持	该校工程学院所有未获得教育资格的老师，在上岗后都借助学校的支持，完成了教学领域的研习并获得研究生证书。行业内的一家供应商为师资力量发展提供了支持。
教学奖励和表彰	该校受访者指出，"学校的职务晋升标准仍然非常传统"，将研究成果作为主要标准。除了将"开课量"作为最低门槛之外，该校目前的教师晋升方式"可能很难"对教师在教学中做出的额外贡献给予认可。

教育特点	具体内容
教育研究活动	该校的工程课程计划建设团队中，有四人具有国外工作的履历和工程教育研究领域的成果。如一位受访者所指出，"澳大利亚工程教育专业人才往往较为分散，这里一个，那里两个，因而我们学院现在已经成为国内最大的工程教育研究团队之一"。该校工程学院的研究兴趣包括自动化的评估与反馈以及基于问题的自主学习。此外，他们还计划建立一个新的工程教育博士计划，并给课程计划的建设团队额外聘请了一名副教授级别的研究员。
课外的各种机会	除了常规课外活动，该校工程学院的学生们还建立了一个由其自己主导的工程社团。

D.4　课程设计

如图12所示，学制五年半的查尔斯特大学工程课程计划分为两个阶段。

第一阶段（从入学起到1.5年）在校内开展，该阶段由一系列基于团队的设计挑战任务构成。该校工程学院教师为学生提供面对面帮助，此阶段着重于让学生沉浸在更广泛的社会工程环境中，构建学生的技术工程知识，加强学生的专业能力，为学生参加工作实习做好准备。第一阶段还要求培养学生独立自主的学习能力，使他们在实习或其他场合面对所要解决的项目和问题时，能够从既有资料中汲取"养分"，将用于应对这些问题的知识和技能进行吸收消化。随着各项挑战任务的进行，给学生提供的帮助将逐渐减少，以促使他们成长为独立的学习者。

第二阶段（从第1.5年到第5.5年）在校外开展，该阶段由四次连续的12个月带薪实习构成。在查尔斯特大学工程学院的第一批学生中，有将近1/3在当地政府开展工作实习，其余2/3则在私营企业里工作。学生与雇主签订为期12个月的就业合同和学习合同，并约定在工作期间，每周将腾出一天投入精力开展学习。学生们每周向学校导师提交一份反思报告，在每一年的工作实习期间，导师们将亲自到实习的地方对学生进行至少一次的探访。行业导师也给学生们提供了专业的指导和参与培训的机会，并每周对学生的进步进行反馈。行业导师在入职前要接受在线培训和校内培训，在岗期间，他们还要担任该校工程学院的兼职讲师。在进行工作实习的第二年和最后一年，学生们会把重点分别放在他们的学士和硕士论文上。论文的主题经学生、学校导师和行业导师达成一致意见后确定，但部分重点主题可能会基于学生在实习中所遇到的特殊挑战任务来确定。

贯穿这两个阶段和整个课程计划的有三大支柱性活动。

·基于项目和作品集的支柱（包含42%的课程）：为学生们提供了基于项目和工作的体验，使他们对所学内容进行情景化理解、应用和探索；

·在线主题树支柱（包含50%的课程）：提供了工程理论和技能方面的"微"学习，学生可以在需要时进行访问；

·绩效计划和反思支柱（包含8%的课程）：使学生能够确定和反思他们的学习目标和成果。

下面的各个小节将依次介绍这三大支柱活动。

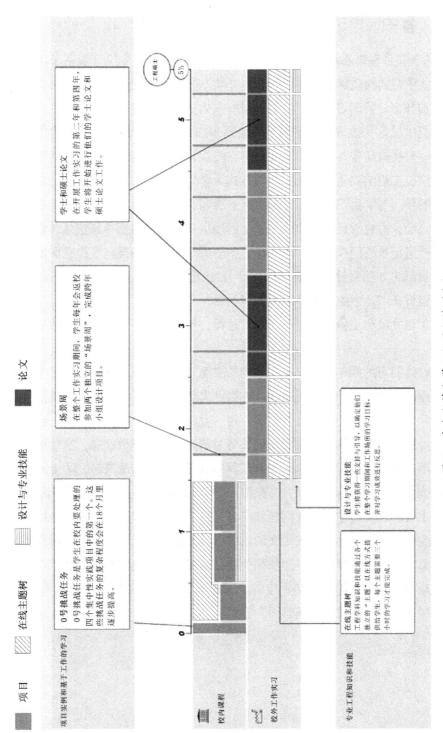

图12 查尔斯特大学工程课程计划大纲

D.4.1 基于项目和作品集的支柱

"基于项目和作品集的支柱"约占课程总数的42%，专门开展基于项目的学习。这些项目的性质随着学生进行校内外学习的变化而变化。

在前18个月的学习中，学生会面对一系列基于团队的挑战任务，在校内课程开展过程中，这些挑战任务的复杂性会逐步加大。表7给出了这些挑战任务的概况。为应对挑战任务，学生们需要访问在线主题树来选定并掌握所需的新知识和技能。该校工程学院通常每周以两种方式为学生提供支持：（1）召开会议，由学生团队的导师与学生们一起讨论其工作进展和所面临的困难；（2）召开一个三小时的研讨会，由挑战任务协调员为学生们提供具体项目的指导和信息。学生们通过在线档案记录他们在每一项挑战任务中的成绩和学习情况，这样既保留了团队的各项贡献（如项目计划、成本分析等），也记录了团队成员的个人贡献。这种学习体验旨在"让学生习惯于思考如何构思一个作品，对如何使用专业技能、如何应用工程方法和工程工具进行概括。这样，他们就能够在实习期间独立地开展工作。"

在校外实习的四年中，学生们遇到的来源于真实生活的问题和项目为"基于项目和作品集的支柱"奠定了基础。在第一次和第三次实习期间，学生们所取得的成绩和进展都会被记录为在线档案。每一份档案都涉及不同的主题，比如学生们如何处理一个道德问题，或者他们如何对其他人的工作负责等；这些档案的共同目的都是为学生在毕业时申请专业工程师执照提供所需的资料。学生的第二次和第四次实习分别是学士论文（"基点"项目）和硕士论文（"顶点"项目），论文主题主要来自实习中的具体问题和项目。除了行业导师和学校导师的指导和帮助，学生们还可以在远程完成论文的过程中，获得该校工程实验室使用权限等额外的资源。专门设计出来的主题树相关科目也将指导学生完成设计文献综述和准备论文报告等工作。除了一年一度的"工程节"，所有参加实习的学生每年还需返校参加两次为期一周的"场景周"活动。

表7　查尔斯特大学工程学院校内挑战任务概况

挑战	内容
0 号挑战任务：Rube Goldberg 工程挑战（2 周）	课程的前两周，学生们在工程大楼进行 Rube Goldberg 机器的建造工作。这种只有成功或失败（pass/fail）两种结果的挑战任务旨在培养学生们的凝聚力，并让学生熟悉团队合作。学生们每三人为一个小组。这项挑战任务要求每个小组至少创建四个能与其他小组衔接的工作步骤，小组数量不得少于两个。第一个和最后一个步骤直接给定，而中间的各个步骤则需要各小组共同创建。
1 号挑战任务：人文领域挑战（12 周）	这个为期一学期的项目围绕 EWB 挑战赛来构建，旨在帮助学生"理解工程项目人文方面的内容"。EWB 挑战赛是一项全国性的大赛，要求一年级工程学生解决体现人道主义精神和基于设计的任务挑战。除了 EWB 挑战赛中的基本要求，查尔斯特大学工程学院还要求学生开发原型和制作大量的设计作品集。作为课程的第一个重要挑战任务，这个项目被形容为给学生"构建自己的解决方案提供了大量的帮助和支持，但这种帮助和支持会随着挑战任务的不断推进而减少"。
2 号挑战任务：强调过程的工程挑战（12 周）	2 号挑战任务旨在"帮助学生获得适应变化和失败的能力"。这项持续一整年的团队工作，要求全部学生团队一起完成一个面向虚拟客户端的多维度的挑战任务，每个学生团队只重点解决问题的一个方面。例如，2016 年的挑战任务是制定一个虚构的巴瑟斯特奥运村的建设方案。各学生团队被分配到"道路和立交桥""排水和排污"等领域。随着虚拟客户端"在整个过程中改变了奥运村的范围，并向各个学生团队提供了大量信息，学生们难以分辨出工作重点"。该校工程学院老师认为，这项挑战任务让学生们经历了"近乎绝望的体验"。正如一名参与者所指出的，"这项挑战任务让人感到难受和沮丧……但有助于（学生们）思考什么东西能够让大家更好地合作，学生们开始意识到需要和其他团队进行合作，共同取得积极的成果"。除了设计作品集、模型和最终报告之外，所有的学生都必须以小组为单位提交最终的项目报告。和所有的挑战任务一样，学生们每周都要在线提交对团队成员所做贡献的评价，这些评价将被用于调整对团队各个成员的评估。
3 号挑战任务：客户主导的工程挑战（15 周）	3 号挑战任务旨在"让学生适应压力并为实习做好准备"。这是唯一一个允许学生们根据以前的项目经验选择队友和导师的挑战任务。3 号挑战任务要求学生团队找出一个来自当地社区的客户，之后，学生团队将与这名客户一起工作，针对该客户面临的"一个真实的工程问题，设计出相应的解决方案"。例如，2017 年的项目包括为当地的养老机构设计一套用水加热和回收系统，以及为当地的一家咖啡馆开发出由回收的咖啡废弃物制成的新型家具材料。在挑战任务临近结束时，学生团队除了要提交原型、团队报告和个人作品集之外，还必须在"工程节"闭幕式上向客户陈述他们的设计想法。在这之后，他们才会开始进入实习。

D.4.2 在线主题树支柱

在传统的工程课程中，"技术内容"（包括基础知识和专业技能）一般通过每周的讲课、辅导和实验室任务传授给学生。在查尔斯特大学的工程课程计划中，这些内容被分解成一系列"主题"，以在线的形式供学生随时随地进行独立访问。每个主题都成为主题树中的一片"叶子"，如图13所示。主题树提供了一幅可视化图片，显示出各个工程主题与专业分支之间的相关性。通过使用在线学习平台，学生们能够把握自己的学习进度，还可以根据自己的兴趣和（或）在挑战任务中或实习中遇到的具体问题，确定要学习的主题。该校工程学院为了设计、构建和管理主题树，与一家商业公司Realizeit[①]开展了密切的合作。Realizeit公司开发的软件能够实现"各个主题之间所有的链接"并获取哪个学生已经完成了什么（主题的）（相关信息）。许多受访者指出，这款软件的功能对主题树的成功至关重要："关键的价值在于这个软件具有同时处理1000个主题的能力，并将其通过可视化的方式展现出来，从而使学生可以根据自己的需求浏览主题树。"

主题树的每个主题一般都要求学生在三个小时左右完成学习。除了书面内容、视频和仿真应用程序（视情况提供）之外，每个主题还给学生提供了将所学内容应用于真实问题的机会，主题末尾会进行最终的评估。主题树采用了"熟练掌握"的评估方法，要求学生达到75及以上的分数才被认定完成了该主题。因此，主题学习只有"通过或失败"两种结果。在稳定运行的状态下，软件可以自动生成大多数主题的学习评估和反馈。但是，目前只有约1/3的主题能够自动提供评估和反馈。其他主题，比如"工程实验室"，则需要学生以小组为单位，一起去联系相关的教师，在适当的时间安排一场面对面的会谈。

---

① Realizeit 公司，该公司在都柏林和芝加哥均设有驻地，http://realizeitlearning.com

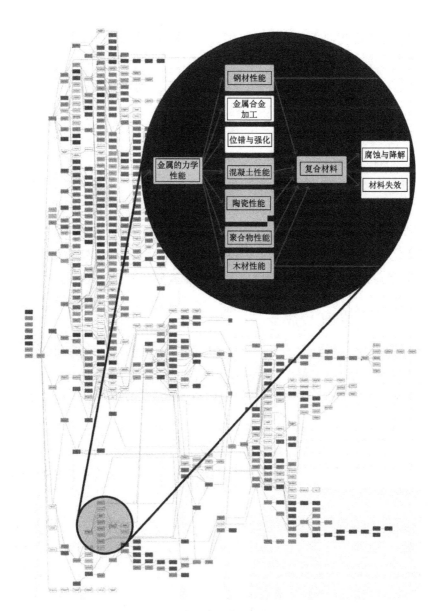

图13 查尔斯特大学工程课程计划的主题树
注：为展示更多细节信息，图中仅展示了"金属的力学性能"部分的内容

主题树的成功运作，有赖于学生们的自主学习以及对课程计划持续的积极参与。虽然学生们可以自由地完成主题树中所有他们想要学习的部分，但仍有最低

学习数量的规定。

·学生在开始实习之前，必须完成240个主题的学习，其中包括80个必修主题，重点涉及基础工程科学、数学、CAD绘图等一系列内容；

·学生在毕业前，必须完成600个主题的学习，其中至少有80个主题来自学生所选的专业。

学生们相对独立地开展工作以完成这些要求，但他们的进度会受到老师的监督，在他们有需要的时候也会得到老师的支持。例如，当出现"很多学生花了大量时间去学习一个主题，却始终无法完成"这一情况时，老师们就会组织面对面的或在线的辅导，帮助学生解决他们所关心的具体问题和特定的困难。

主题树还在不断的建设中。截至目前，共开放了300个主题供学生学习，另外还有700个主题正在开发中。预计有1/3的主题将会参考"那些最优秀的外部线上资料"，其余部分则由该校工程学院进行内部开发。

D.4.3 绩效计划和反思支柱

绩效计划和反思支柱旨在"培养学生们自主设立学习目标，并把控自己取得进步"的能力，帮助学生做好时间管理并对自己的学习进行反思。

在结束1号挑战任务时，学生会与其校内导师进行首次会面，"确定他们在开始实习之前所需要达到的目标"。这些目标包括他们计划在基础知识主题和专业主题上的课程学习进度，以及学生个人发展和专业发展的目标领域。学生每个季度都会与他们的导师见面，而且需要每周提交一份报告，介绍下周将要完成的学习进度和计划目标。

在每个学期结束时，学生会提交一份反思性的作品。尽管一些受访学生谈到了"每周必须写反思报告"的负担，但大多数人都指出这一活动给自己带来了益处。正如一个学生所言：

"这让我对自己成为一名专业工程师意味着什么，以及如何组织我的时间等问题进行了更多的思考，这对我的（实习）面试产生了很大的帮助……有很多这类问题，是我以前回答不出来的。"

在实习期间，学生们需要在每年年初开展一次对个人和专业发展情况的审查，以确定他们后续的目标。这项审查旨在制定一份"学习协议（learning agreement）"，该协议由学生、校内导师和行业导师三方共同签署，每年对协议内容落实情况进行三次评估，以监督学生学习的进度和他们所获得的成绩。在校内阶段，学生们每周保持提交反思报告，并在每次实习结束时提交一份作品集。在校外阶段，学生们还是要每周准备和提交反思报告，并在每次实习结束时完成一份作品集。

D.5 案例回顾与总结评论

查尔斯特大学工程学院为本科生工程教育提供了一种截然不同的方式。其课程计划中的内容有别于传统的以教师为中心的工程课程。尤其是该校工程学院汇集了许多未来几十年中全球一流工程课程计划可能具备的差异性特征。这些差异性特征包括：促进自主学习和学生自我反思的教学方法、以人为本的工程重点、学生通过应对真实问题来探索和应用工程内容的多元化机会、响应快捷的一流学习技术，以及"实习对帮助毕业生转变角色提供的帮助"。

然而，在被问及是什么特征让查尔斯特大学工程学院在全球工程教育舞台上脱颖而出时，许多外部观察者一致认为是这所工程学院将面对面的项目式学习与学生的自主在线学习相结合的教育方式："（该校工程课程计划）前18个月的教育方式非常棒，它融合了我们所见过的最佳工程教育实践中各个方面的内容。"一位观察者在描述主题树平台所提供的灵活"即时"学习时，称之为自己"见过最具创新性的教学方法"。

尽管具备了这些显而易见的创新成果，但查尔斯特大学工程学院在工程教育领域"新兴领导者"排名中位列前十，还是会让很多人感到意外。这个澳大利亚地区性的、只有57名在籍学生的新设工程课程计划，正引起众多该领域中国际专家的关注。有一个因素无疑对这所院校的国际形象起到了助推作用，那就是"它引进来设计和实施这项课程计划的人员具备高水平和能力"。而来自外部观察者的访谈反馈则表明，查尔斯特大学工程学院排名前十的主要原因在于其具有影响其他地方工程教育实践的潜力。受访者多次强调了该校工程课程计划中的两个特色。首先，该校工程学院将项目式学习与在线学习相结合的教育方式，具有"扩大学生规模"的潜力。尽管这项课程计划目前每年招生还限定为50人，但许多外部观察者认为，其教育方式很有潜力被成功应用于"更大体量的学生群体"中。其次，该校工程学院对如何实现"普通学生，而非优秀学生"的学习"增值"做了一次极为重要的深入探索。如果这个课程计划能对其招收的"普通"学生在技能、积极性、思维方式和志向抱负方面产生统计意义上的显著改进作用，那么这种教育方式无疑可以被迁移到全球其他任何的工程课程计划中。

然而，查尔斯特大学工程课程计划尚没有发展成熟，关于它对学生学习产生影响的证据还无法在未来几年内获得。尽管如此，外部观察者们还是普遍表达了积极的看法。正如一位受访者所指出的："……之前我从来没有见过类似的东西，我对此感到非常兴奋。它开启了工程教育新的篇章。"

D.5.1　成功因素

访谈反馈表明，有三个因素对查尔斯特大学工程课程计划的成功设计和实施起到了重要作用，具体如下所述。

第一个因素是这项课程计划，尤其是教授们充分利用来自整个学校和全国的专业支持与善意帮助的能力。例如，一位受访者指出：

"（查尔斯特大学工程学院）获得了1500万美元的学校经费。没有人对这笔经费的划拨感到不快，因为每个人都觉得自己要为这项特殊的事业出一份力，所有人都对这件事情的成功起到了重要的作用。所以，各个环节的推进取得了令人惊叹的成功，在12个月内就完成了工程大楼的建设并开始运行。学生管理部门也创造了一个小小的奇迹，他们提前完成了相关工作。他们所有人都取得了成功。"

在国家层面上，该校工程学院的设计借鉴了澳大利亚工程教育领域各个成熟同行院校的专业和经验："有一种他们都在为共同目标而努力的感觉，所有人都试图真诚地分享自己在教学和知识上的资源。"参与这项课程计划开发的人员包括全国著名的工程计划认证代表、教育创新人员和教育研究专家。

第二个因素是学校高层领导强有力的支持。该校工程学院团队中的许多人指出，学校的高层领导"没有给这项课程计划提出任何相关的预期或前提条件"，相反，考虑到这项课程计划非常规的时间进度安排、人员配置、预算和对校内空间的要求，他们"允许打破学校的既有规则"。正是因为有了这种"坚定不移的支持"，该计划的设想和愿景"始终未被淡化"，而且基本上没有受到学校的约束或规程方面的影响。而该校的高层领导则表示，他们很乐意"坚持立场，保持勇气，直到让这个计划顺利落地，不让教授们失望"。

第三个因素是该校工程学院团队所具备的专业知识和领导才能。外部受访者们一致肯定了"该课程计划教学人员的素质"，将他们的特点总结为"对工程教育改革实践充满热情，而且在行业中备受尊敬"。该团队汇集了行业的经验和广博的专业知识，被一位受访者形容为"澳大利亚最强的工程教育研究队伍"。

D.5.2　面临的挑战

查尔斯特大学工程学院是在有限的时间内建成的，其中很多课程的开发时间"只有12个月"。在课程计划发展的早期阶段，许多内容都没有经过检验。尤其在被问及这项课程计划要获得成功和可持续发展，会面临哪些挑战时，受访者们一致指出了以下四个问题。

·**保持学生的主动参与**：该计划在早期面临的一个挑战是学生们在入学时并不如想象的那样具有积极性"，还有一些学生则没有做好自主学习的准备。随着学生进入实习，课程计划可能还会面临类似的问题。在校内学习的时候，学生们可以从老师和同学处直接获得帮助，而学院也能够迅速发现并处理所出现的各种问题。然而在校外时，学生们很可能与同学不在一起，他们必须同时处理好学业和工作压力。因此，有一些学生很难保有自主学习的内驱力。

·**扩大招生规模**：作为一所地方性大学的学院，查尔斯特大学工程学院面临的主要挑战将是实现每年的招生目标。正如一位外部观察者所评论的那样："查尔斯特大学面临的最大挑战就是外部推广问题。如果未来的澳大利亚工程师和他们的家人在选择大学的过程中，能够知晓并真正理解查尔斯特模式，那么报考的人数将会飞涨。而困难之处在于，如何让社会各个领域中的广泛群众知晓并理解查尔斯特模式。"

·**确保实习的持续开展**：在稳定运行的情况下，该校工程学院每年招收50名学生，每年必须确保获得200个长达12个月的实习机会。每次实习都必须让学生接触到各种具有挑战性的专业工程问题，并提供一个主动学习的环境。对于一个人员较少的课程计划来说，长期为学生提供这一整套的体验将会是一个很大的挑战。

·**留住关键的学校领导人**：访谈结果清楚地表明，在未来几年中，课程计划能否成功很可能取决于学校关键领导人是否延长任期。该校的现任和前任副校长都给这个课程计划提供了一个不受约束的发展空间，而且没有对该计划的发展速度或早期影响提出不切实际的期望。

学校的高层领导和工程学院团队都对这四个挑战有着清楚的认识，并付出了很大的努力去应对这些挑战。而访谈结果表明，工程学院可能还面临另外一个挑战，简述如下。

在描述查尔斯特大学工程课程计划的愿景和使命时，受访者们通常会给出以下两种表述。

·它提供了一种前沿的工程教育，特征是以学生为中心、体验式学习和在线学习的融合，旨在培养具有高度积极性和强大适应能力，并能够系统思考的毕业生；

·它希望提高澳大利亚地方工程师的能力，通过工作学习相结合，使毕业生获得一定经验，能够尽快适应地方工程师所面临的挑战。

尽管两种表述并不矛盾，但每种表述中的优先事项和目标有着明显的不同，对课程计划成功与否的考量方法也不同。如何调和这两种观点，可能会是今后数月和数年中工程学院团队面临的难题。2017年，工程学院给第一批学生安排的实习地点大部分都接近查尔斯特大学，而且实习单位都是地方性中小型企业或地方管理机构。一些受访者对于这些实习能否帮助学生"拓展视野"和提高能力存在质疑。尤其受关注的是，由于学生实习的单位都是地方性的，各个单位的运作方式和工作重点都"相当传统"，不知道在这些单位实习四年会给学生们带来怎样的潜在影响。工程学院计划向即将开始实习的学生推出一个"大梦想实习"项目，还派出了10名学生赴柬埔寨参加无国界工程师峰会。但工程学院的这种雄心抱负可能会受到限制。学生对他们校外四年实习获得的收入有着普遍的预期，这会严重限制工程学院给学生们提供的实习岗位类型，并且很可能将创业公司或非营利机构等单位的实习岗位排除在外。

毫无疑问，查尔斯特大学工程课程计划的前18个月课程取得了惊人的成功。完成了前18个月学习的学生受访者们都是极为善于表达、富有主动性和知识广博的年轻工程师。该校工程学院所面临的难点将是确保这些学生在未来获得实习工作，能够让他们继续在学习的道路上前行，这样，他们在毕业时就会有来自澳大利亚和世界其他地方的大量就业机会。

附录 E
代尔夫特理工大学案例研究

选择代尔夫特理工大学作为案例研究的原因

代尔夫特理工大学（TU Delft）是在研究第一阶段中，同时被列入工程教育"现任领导者"和"新兴领导者"名单的四所杰出大学之一。有一系列的因素可以解释该校在全球工程教育领域中的领袖地位，其中包括该校航空航天工程和工业设计领域的创新工程课程计划、开放在线教育的早期发展、具有雄心抱负和卓越成效的学生主导活动，以及学校对提升教师教学技能的投入。支持这些举措的正是受访者所谈到的"代尔夫特精神和态度，体现为学校的前瞻性思维、雄心抱负、创业精神以及对教育的全情付出"。在受访者们看来，这种精神是与包容性和平等主义这些更为普遍的荷兰文化要义相一致的，这种文化上的"契合"也是荷兰的大学之间高度协作和伙伴关系得以实现的原因。更重要的是，代尔夫特理工大学高水平的教育领导力帮助该校占据了工程教育界的卓越地位，同时还促使该校开展形成在工程教育中具有影响力的讨论文件等"自下而上"的教育创新，为学校构建新的教育愿景开辟了道路。

E.1 背景

E.1.1 学校背景

代尔夫特理工大学成立于1842年，是荷兰三所技术专科大学中历史最悠久、规模最大的一所大学。学校位于荷兰首都阿姆斯特丹西南60公里处，历史悠久的代尔夫特市。

代尔夫特理工大学由八个学院组成，涵盖工程学、应用科学和设计学等。[①]许多受访者指出学院被授予的自主权，使每个学院都能够追求自己的实践并迅速抓住新的机会。这所大学的特点是"开放、便捷，组织层次分明，比其他大学的层级数量少"。受访者一致强调了代尔夫特理工大学的"开放、透明、愿意一起工作的态度"和"积极做工程的心态"。事实上，这种"代尔夫特精神"遍布在大学的各个方面，学校很早就决定要在开放式在线学习和学生主导的课外项目等领域成为先驱者。受访者认为代尔夫特的"精神"可以追溯到学校早期的历史且深深镌刻于学校的社会伦理责任中。例如他们指出，代尔夫特理工大学在第二次世界大战后荷兰发展国家工业以及面临海平面上升开展荷兰的沿海防御体系建设中，对整个国家都发挥了关键的作用。正如一位老师所指出的那样：

"从社会角度来看，代尔夫特面临着各种各样的情况。在很长一段时间里，我们是荷兰唯一的工程技术大学……。所以学校的态度是"我们做得到"。如果我们的土地受到洪水威胁，我们就必须解决问题，因为这里没有更高的土地，我们无法搬到更高的地方。我们建造堤坝是为了防抗千年一遇的洪水。我们要以保护这个国家的初衷来做工程。我们将继续努力，我们定会成功！"

这种"解决社会问题"的工程教育方式还反映在该校长期以来与企业的研究合作中。的确，代尔夫特理工大学的3.85亿欧元年研究收入中，有超过1/3来自企业。该校的研究成果也是世界一流的，目前它在泰晤士高等教育世界大学排名[②]和QS世界大学排名中分别为第63位和第54位。

---

① 代尔夫特理工大学的八个学院：建筑与建筑环境；土木工程与地球科学；电气工程，数学与计算机科学；工业设计工程；航空航天工程；技术、政策和管理；应用科学；机械海事与材料工程。
② 2018年泰晤士高等教育世界大学排名，https://www.timeshighereducation.com/world-university-rankings

继2002年荷兰推出"博洛尼亚进程"①之后，代尔夫特理工大学对五年制本科课程进行了系统改革，以创建两个不同的周期：三年制本科课程和两年制硕士课程。大多数的荷兰学生要完成两个周期的学习。在代尔夫特理工大学，有97%的本科生继续攻读硕士学位，他们通常留在原学院继续深造。该校17门学士学位课程中，大部分以荷兰语授课。学校有大约11400名学生，其中26%是女生。

如图14所示，代尔夫特理工大学的硕士研究生在2006—2016年快速增长。这一增长得益于学校33门用英语授课的硕士课程吸引了越来越多的海外学生。到2016年，学校硕士生中外国学生的比例达34%，而这一数字在2006年仅为25%。

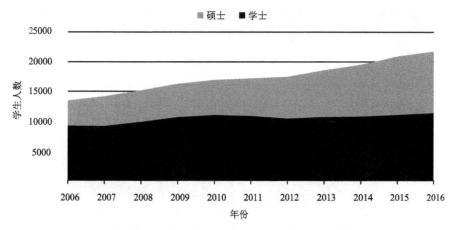

图14 代尔夫特理工大学本科生和硕士研究生人数（2006—2016年）

E.1.2 国家背景

荷兰是一个人口密集的小国，国内约1700万人口聚集在美国新泽西州两倍左右大的地区，但它依然在全球最受推崇的高等教育体系中占有一席之地。在2018年《泰晤士报》的高等教育世界大学排名中，荷兰位列第三，仅次于美国和英国。荷兰的全部13所研究型大学的排名都入围了世界前200位，而代尔夫特理工大学位居国内第二。

荷兰高等教育体系的一个特色在访谈中被反复强调，那就是荷兰全部13所研究型大学之间的合作和伙伴关系。用一位受访者的话来说，"当一个国家如此

---

① 1999年，29个欧洲国家签署了"博洛尼亚宣言"，以（1）建立本硕博互通的三个学位体系、（2）加强质量保证、（3）支持大学之间对教学质量和学习时长的资质互认，http://ec.europa.eu/education/policy/higher-education/bologna-process_en

之小，如果你不打开门窗合作，那你们如何有能力去参与竞争？"许多受访者表示，整个高等教育领域的合作文化在构建荷兰大学体系的整体方向和推动进展方面发挥了关键作用。这其中包括了面向大学教师推行国家大学教学资格（UTQ）的协定，以及与世界主要出版商达成协议，建立免费获取科学论文的校际联盟。①

近几十年来，荷兰高等教育体系发生了重大变化，包括学生人数的增加和政府财政支持力度的下降。如图15所示，2006—2016年，荷兰研究型大学的本科生和硕士生人数几乎翻了一番。荷兰高等教育也在这一时期里增设了英语授课形式。如今，在荷兰的研究型大学里，有60%的本科生和硕士生课程都用英语授课。这些转变促进了荷兰外国留学生人数的增加。目前，荷兰研究型大学的本科生和硕士生留学生比例已经从8%上升到18%。

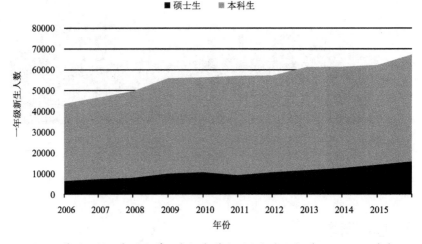

图15　荷兰13所研究型大学一年级本科和硕士新生人数（2006—2016年）

随着学生人数的增加，政府对欧洲学生的资助有所下降，从2000年的约合2万欧元降至2014年约合1.5万欧元。2015年，政府向学生发放的、用于支付学生学费和生活费用的补助转变为贷款形式，要求学生在毕业时予以偿还。学生偿还的贷款自2017年9月开始累积，这笔资金将会用于强化荷兰全国各地的大学教学，包括新建教学岗位、支持开展教育研究项目等。

荷兰各个大学的招生一直以"开放申请"原则进行管理，只要符合条件的申请者都可以根据自己的意愿选择进入理想的大学和课程计划进行学习。直到近

① 荷兰：为建立开放资源平台铺平道路，http://www.magazine-on-the-spot.nl/openaccess/eng/

年，各个大学才引进荷兰政府集中管控的加权随机系统，对报考人数超过招生数量的课程计划进行系统分配。不过，在2016年学校引入政府的招生改革方式后，其对热门课程计划的生源选择有了更多的自主权。

E.2 代尔夫特理工大学教育方法的发展

与其他案例研究对象不同的是，代尔夫特理工大学在工程教育领域的"新兴领导者"地位并不是学校的系统性改革或者从无到有新建课程计划的结果。相反，该校的优势在于它具有渐进式变革的能力，特别是学校在保有卓越的教学声誉的同时，依旧能开放借鉴工程教育领域内广泛推行的教育创新。在渐进式变革的过程中，学校的校区间协商和凝聚共识至关重要，它们为广大教职工和学院推动"自下而上"的教育改革提供了"机会和空间"。一位受访者将教师主导的教育改革过程描述为：

"这就好像油滴在水中散布开来一样，……变革的发生过程是缓慢的，通过凝聚共识、积少成多，这样就使人们能够始终适应这种变革。"

本节概述了过去二十年代尔夫特理工大学教育发展演变历程中关键性事件和活动。整个时间进程轴根据受访者的反馈和回忆进行构建，从2005年开始，共分为五个时间段：

- 代尔夫特理工大学教育形象的提升（2005—2010）；
- 提高"学业成功"计划成效的动力建设（2010—2013）；
- 对外联系和在线学习的发展（2013—2015）；
- 新教育愿景和支持体系的开发（2015—）；
- 具有雄心抱负的学生主导型实践活动的出现与发展（1999—）。

代尔夫特理工大学的教育模式中有两个重要方面推动了前四个阶段的交互发展：（1）学校的教育领导力；（2）开放式在线学习的发展。最后一个时间段中学生主导的课外活动与学校层面上的教育变革并行，而且基本上独立于该校的教育变革。然而，如果将所有的教育举措关联起来看，这五个阶段可以体现出代尔夫特理工大学战略性地逐步对一些领域进行投入的过程，这些领域对全校整体教育改革具有潜在的促进作用，包括教师教学技能、教育技术和学生课外自主学习等。

E.2.1 代尔夫特理工大学教育形象的提升（2005—2010）

来自代尔夫特理工大学校内外的受访者一致指出，该校在工程教育和工程基础教学领域中的严谨性享有盛誉。

从历史角度来看，学校的这些教育特色与工程实践教育中的沉浸式学习有着紧密的联系，开展实践教育的教学人员都有着丰富多样的行业经验。然而到了20世纪90年代，随着国家发展和全球竞争压力的不断增加，学校从企业聘用师资、设置一分为二的企业师资和学校师资岗位的做法受到了限制。伴随学校研究优势在全球大学中的日益崛起，代尔夫特理工大学素来以教育为重点的学校角色被逐步淡化。然而，学校内部越来越多的人认识到，"教育被放在了次要的位置上"，已经被学校的研究成就所掩盖。

对于许多人来说，这种学校使命的非平衡状态是由学校执行董事会对科研的过分关注造成的。2003年，代尔夫特理工大学任命了学校的第一任教育副校长，这个职位之后调整为教育运营副校长。受访者们指出：

"这一任命对该校的教育发展有很大的推动作用……这位副校长能够将教育列入学校的议事日程，实现研究和教育的平衡。"

不久之后，学校召开了一场校区之间的协商会议，旨在评估整个学校在教育方面的需求和抱负。很快，全校范围内接连出现了一系列变化，包括给每一个学院设置教育主任职位，并为交流和分享教育思想提供一系列新的机会。学校还开展了校际合作，其中最引人注目的一项合作，就是该校与荷兰研究型大学间达成的教学人员必须获得UTQ认证的协议。到2010年，代尔夫特理工大学要求所有新教师和讲师必须在上岗五年之内获得UTQ认证。尽管这所将权力分散下放的大学在推动变革的过程中遇到了越来越多的挑战，但许多受访者指出，该校越来越重视"教育对学校的作用"。

整个大学里开展的各项教育改革举措，为部分学院开展更为彻底的"自下而上"的变革铺平了道路。目前来看，工业设计工程学院和航空航天工程学院分别于2007年和2009年开展的两项教育改革表现地较为突出。这两项教育改革都是在两个学院全院的努力下得以开展的，对于企业认为学院的毕业生不足以应对不断变化的职业角色要求这一问题，改革也进行了针对性的思考。修订后的课程体系提供了一个综合性教育方式，课程围绕一系列以设计为核心的真实问题开展。例如，在工业设计工程学院第二年的课程项目中，有一个项目就是要求学生设计并制造一种木制玩具，由当地小学生对设计原型进行道路测试并做出评价。

在这一发展阶段，代尔夫特理工大学还开始着手学校的开放式在线学习建设，这项工作始于2007年启动的开放课件网站。然而直到2010年，学校才组建起一支全职团队对在线内容进行开发和管理，其中包括教室后方视频摄像头捕捉到的课程幻灯片、考试和讲座等内容。这支团队还就可能为在线观众带来最大价值的内容开展了策略性研究，为"微积分等对许多学生来说都具有较大难度"的课程开发专门的学习资料，并为大约一半的本科生课程计划提供了专门的在线入门课程。

E.2.2　提高"学业成功"计划成效的动力建设（2010—2013）

1990—2010年，接受荷兰高等教育的学生人数从40万增加到60多万。考虑到之后十年学生人数将会有同样的显著增长，荷兰政府在2010年要求对全国高等教育系统能否在日益增长的经济压力下支撑学生大量扩张进行审查。审查结果[1]明确了荷兰高等教育系统面临的若干关键挑战，包括辍学率高、毕业时间延长和课程灵活性不足等。一些挑战在代尔夫特理工大学表现得尤为明显。该校的毕业通过率和学生保留率在全国排名倒数，完成第一年学业的学生中，只有22%会在4年内完成三年制的本科生课程；学生完成五年制本硕联合培养计划的平均时间为7.5年。

为解决上述问题，代尔夫特理工大学于2011年推出了"学业成功"计划。该计划带来了一系列的本科生课程改革，其中包括"要求所有一年级学生在第一学年里获得的学分达到总学分的75%"，确保学生能够顺利进入第二学年的学习。这些改革使得学生的学习成效获得迅速提高。2011—2015年，该校本科生在4年内完成学位课程的比例从22%上升到55%。许多学院还把"学业成功"计划作为彻底改革其本科生课程计划的一个平台。专栏20介绍了建筑与建筑环境学院的教育改革。

---

[1]　Veerman, C., et al., 2010. Threefold Differentiation—Recommendations of the Committee on the Future Sustainability of the Dutch Higher Education System. The Hague: Ministry of Education.

专栏20. 建筑与建筑环境学院的教育改革

在2011年之前，该院建筑、城市规划与建筑科学专业的本科生课程计划是学校学生保留率最低的课程计划之一。这个专业的课程体系被认为是支离破碎的，多门小型课程并行开课，学习欠缺连贯性，存在着课程"大量冗余和重叠"的情况"。2013年，这个专业实施了新的课程体系，新课程的设计通过自下而上的方式进行，所有教师都参与了这个过程。它由贯穿三年课程的六条核心课程主线①组成，为学生提供了明晰的教育结构，使他们能够在学习每一条课程主线的过程中实现对自身能力的建设和整合。1/3的新课程以设计课程主线为重点，通过每学年开设两个为期七周的项目来推进。与设计项目同步开展的课程则为学生们完成这些团队挑战任务提供了理论背景，促使学生掌握应对这些挑战所需的技能和态度。在为期三年的课程中，将会有一支由教授组成的专家队伍负责监督每一门课程的推进，确保课程学习的连贯性和综合性。

E.2.3 对外联系和在线学习的发展（2013—2015）

2013年标志着代尔夫特理工大学进入了一个更加具有雄心、更加开放的教育变革阶段。尽管一些受访者认为，学校2005—2013年实施的全校性改革只是"帮助其摆脱了在全国教学实践质量中的'尾部'排名"，但2013年开始，学校迎来了教育创新和对外合作的新机遇。例如，代尔夫特理工大学于2013年在教学领域建立了两个全国性的战略联盟，分别是荷兰工程技术大学的3TU工程教育中心（之后发展成为4TU②）以及莱顿大学、代尔夫特理工大学、伊拉斯莫斯大学共建的教育和学习中心③，该中心是三所学校建立广泛合作伙伴关系的一个成果。这些联盟不仅提供了校际教育研究和网络建设的机会，还为临床技术本科生联合学位④课程等校际合作课程计划的建设铺平了道路。

但在这个阶段中，代尔夫特理工大学的一项关键性发展是学校在开放式在线学习建设能力方面的迅速增长。自2010年以来，该校在线学习领域的活动一

---

① 六条核心课程主线分别为设计，技术，基础知识，社会、实践与过程，教学技术，展示、可视化和形式。
② 4TU 工程教育中心，https://www.4tu.nl/cee/en/
③ 教育与学习中心，http://www.educationandlearning.nl/home
④ 伊拉斯莫斯大学临床技术课程计划联盟，https://www.tudelft.nl/en/education/programmes/bachelors/kt/bachelor-of-clinical-technology/

直稳步增长。2012年年末，学校开始制作首批大规模开放在线课程（即慕课，MOOCs）。

2013年以来，该校大大强化了开放式在线学习领域的发展目标。许多受访者认为这一转变源于该校在2013年初新任命了一位负责教育运营的副校长。这位副校长是开放式教育联盟[①]的前任主席，受访者认为她给该校开放式在线学习的建设带来了活力，并投入了大量的精力，同时还带来了该领域专业知识和新思想的全球关系网络。

这位新任副校长与一位学院新任命的教育主任一道，就将代尔夫特理工大学建设成为欧洲开放式在线学习领导者的潜在可行性，在全校范围内进行了磋商。这个计划在教师和管理人员的支持下得到了推动。创建开放式教育资源的愿景"与人们对国家的期待产生了共鸣"。它回应了荷兰"自由开放"的文化，正是这种文化使荷兰在全球掀起的"开放科学"和"开放教育"的浪潮中发挥了重要作用。正如许多受访者所指出，"对于人们来说，一所公立大学承担起回馈国家的责任是非常重要的"。这所大学所拥有的工程基础使它有能力提供更多推动国家发展的动力，因为"工程师能更清楚地认识颠覆性技术可能带来的影响，同样，他们对在线学习可能带来的影响也会持开放的态度"。许多受访者提到，"这是一个我们为学校做决定的时刻，我们是要做（在线学习的）领跑者还是跟随者……我们可以承受在在线学习领域落后的风险吗？"学校对在线学习的推动在2013年9月后显得愈发强烈。当时，学校推出的第一批慕课"迅速取得了成功"，在头几个月就吸引了8万名注册学员。这批线上课程的成功使整个学校都认识到，代尔夫特理工大学有潜力通过在线学习的开拓性发展来提高学校在全球的声誉。

更多的学校经费开始快速涌向在线学习。代尔夫特理工大学开放式在线教育进修学院于2014年春季成立，该学院重点关注（1）开放课件、（2）网络公开课、（3）付费的在线教学课程和（4）付费的专业教育课程四个核心领域。就职于这所进修学院的25名全职人员是"一个非常具有国际化视野的年轻群体"，他们从国外带来了专业知识和经验。进修学院采取共同设计的方法开发在线学习材料；参与开发的教师作为这支专项团队的一个组成部分，与商业开发人员、技术人员和教育专家一道，共同负责每一个新的在线产品的设计、构建、交付和审查。

进修学院成立后，代尔夫特理工大学的在线学习很快就成为该校教育内容

---

① 开放式教育联盟，http://www.oeconsortium.org

中的"皇冠之珠"。到2016年9月，该校慕课的注册人数已经超过了100万。除了"（进修学院）团队所具有的专业精神和创造力"之外，这所大学在线课程的成功还要归功于其教师核心团队的积极参与。早期慕课的"巨大成功"在这里被视为一种催化剂，代尔夫特理工大学通过两种机制的作用，推动了全校对教育创新态度的深远转变。

首先，早期的慕课激发了教师参与开放式线上教育的兴趣。正如一位受访者指出，"对于教师而言，开发在线课程的一个重要动机是提高教师的个人知名度。除科研业绩外，（参与早期慕课开发的）这些教授还因为他们的教学水平而受到认可。他们外出参加会议时，每个人都认识他们。他们就是明星！……慕课为他们在自己所从事的研究主题外围建立合作网络提供了新的途径"。在这些备受瞩目的早期成功案例当中，该校的"太阳能"慕课（见专栏21）成为最受人关注的课程。

其次，人们对开放式线上教育日益浓厚的兴趣，有助于打破科研领导人员抵触教学培训这种"根深蒂固的文化"。"世界上所有人都可以在任何地方查阅"在线教育材料的开发过程，对许多人而言，这是一段"发人深省的经历"。用某位受访者的话来说，"如果你把东西放到线上平台，给全世界的人看，那你不得不对它的质量进行再三斟酌。所以上线的东西必须有一流的质量"。因此，进修学院内外的许多人员都指出：

"参与开放式线上教育的教师们之前就表现出更愿意接受教学方面的建议……当他们加入进修学院的在线课程建设时，这些教师会进入另一种不同的工作模式。他们会去主动寻求帮助、接受建议，并开始以团队成员的身份开展他们的教育工作。"

自进修学院的工作启动以来，混合学习模式在代尔夫特理工大学的本科生课程和硕士生课程中的应用显著增加。全校性的一、二年级本科生数学教学改革（见专栏22）就是一个例子。该校还在更广泛的层面上，探索让本校的学生在完成全球其他大学的慕课学习后获得正规学分的可能性。这个试点项目于2015年末启动，旨在为学生提供一种更灵活的学习方式和更多可供学生选择的课程。

专栏21."太阳能"慕课

2013年推出的"太阳能"慕课①是代尔夫特理工大学最早开发的开放式在线教育产品之一。这门为期八周的课程将6～10分钟的视频与定制动画、课堂练习、课程作业和考试结合在一起，指导学生完成一项光伏系统的设计。

这门慕课在上线的仅仅一年里，就吸引了57000名学生，迄今为止总注册人数已超过160000人。该慕课为学生之间积极的互动和学习提供了便利，同时促进了内容和信息的传递交流。事实上，光是该慕课注册学习者在第一年里提交的作品集就已经形成了世界上最大的地方太阳能系统的图像数据库。

凭借开发该慕课的经验和材料，代尔夫特理工大学将校内的"太阳能"硕士选修课改造为一门翻转课堂模式的课程。该课程于2014年9月启动，与"太阳能"慕课同步运行。课程要求学生们自学该慕课的在线教学内容，课堂时间用于练习和讨论。通过这种方法，讲课的老师能够在课程中教授比以前可能多30%的内容。新的教学方法也让学生的考试成绩有了显著的提高。在2010—2013年四年中，校内"太阳能"选修课的通过率为67%～72%，而随着2014年翻转课堂教学模式的引入，这门课程的通过率上升到了89%。

专栏22. 一、二年级数学教学的混合学习模式

数学课程是代尔夫特理工大学应用数学系面向全校一、二年级学生开设的课程，是所有本科生课程计划的必修课程之一。包括微积分、线性代数和统计学等在内的每门数学课程，都会根据各个本科生课程计划的特定需求和学科重点进行"量身定制"。尽管如此，这种课程的设计模式还是存在学生主动参与性低，以及难以通过传统讲课方式给大量学生带来有效的数学教育等问题。

作为对策，代尔夫特理工大学在2014年启动了一项重大举措，将该校数学课的教学转变为以混合学习模式开展，并首先在土木工程专业进行试点。这些新的课程是该校应用数学系与进修学院的开发人员合作开发的，其中包含了进修学院对应用数学系全部25名数学教师进行的培训。通过翻转课堂的方式，学生在课前观看下一节课的视频介绍并在网上完成练习；在课堂上，学生以小组的形式完成特定学科的数学课练习；然后在课后完成在线测验和作业。根据学

---

① 代尔夫特理工大学的"太阳能"慕课，https://online-learning.tudelft.nl/courses/solar-energy/

生所在学科的学习要求和学生的日常反馈，在线课程和课堂课程的内容结构会进行专门的调整。截至目前，在代尔夫特理工大学的8个学院中，已经有4个学院实施了新的混合学习模式。

E.2.4　新教育愿景和支持体系的开发（2015—）

自2015年开始的新阶段里，代尔夫特理工大学开展了两波重要的教育活动，这两波活动都可能会对该校未来的学校文化和课程体系产生深远的影响。

第一波活动聚焦于如何支持代尔夫特理工大学的教育发展与创新。尽管学校在开放式在线学习领域取得了越来越多的成功，但校方也不断认识到，在学校追求卓越研究水平的现有压力下，"教师们并没有获得合作、创新或改进教学的空间"。为了创建"教育与研究间更平衡的图景"，该校在2016年发起了"聚焦教育计划"（Spotlight on Education Initiative）。这一计划为支持和宣传教学中的创新和大胆探索提供了平台，包括设立支持课堂创新的两年期教学研究经费和学校先进教师奖。为了进一步巩固和加强教育创新能力，2017年9月，代尔夫特理工大学成立了教学学院（Teaching Academy）[①]，成为为各个校区提供教学支持的统一对接单位。新的教学学院改变了以往多种学习支持模式"四散在校内各处"的局面，将学校对在线学习、混合学习和线下学习的支持整合到一个机构当中。教学学院扮演了该校"教育发展孵化器和加速器"的角色，"提供了专业发展（线上、线下的课程和教学支持，包括教师培训），实践支持（包括为教师提供参与建设校内课程和慕课的一对一支持）和创新发展（为教育的新思想、教育创新和教育研究项目提供更加有力的支持）"。

第二波活动重点明确了代尔夫特理工大学未来几年的教育愿景和抱负，可以追溯到2014年该校航空航天工程学院教育主任编写的一份具有影响力的报告[②]。这份名为《世界瞬息万变下的工程教育》的报告，以水平扫描的方法阐明了"让工程专业的学生拥有成功职业生涯的愿景"，在校内外引发了广泛的讨论。就在这份报告发布后不久的2015年初，代尔夫特理工大学各学院的教育主任和4TU工程教育中心一起组织了五场系列研讨会，探讨未来几十年的学校教育和招生目标

---

① 代尔夫特理工大学教学学院，https://www.tudelft.nl/teachingacademy/
② Kamp, A., 2014. Engineering Education in a Rapidly Changing World, http://www.cdio.org/node/6183

应该如何变化。为建立学校的"自由精神智库"（Free Spirits Think Tank），这些研讨会汇集了来自该校各个层面和校区的学生、教师和管理人员。

研讨会的成果为该校建立首个全校范围的教育愿景声明奠定了基石。许多受访者明确表示，"代尔夫特理工大学不是一所空有大量书面政策和非必要文件的大学"。所以，该校不会只在形成一份"全然可适用于任何地方的寡味声明后，就将其束之高阁"。相反，2016—2017年，学校开始了为期两年反复修订的过程。学校通过与各校区的学生、教师和学院管理者进行咨询访谈，不断确定和阐明代尔夫特理工大学教育独有的差异性特征，并为未来的学校发展制定了一份路线计划。

学校尚未公开发布的这份愿景汇集了所有的咨询访谈的成果，并对学校当前所面临的诸如如何适应国内外学生人数大幅增长等许多挑战进行了探讨。该声明还强调了学校各项教育提案中关于未来发展的讨论要点。这些提案中有许多都与研究第一阶段思想领袖们所预期的全球工程教育的重大变化相一致，例如为学生的专业学习途径提供灵活的选择、给学生提供更多的跨学科体验等。

E.2.5 具有雄心抱负的学生主导型实践活动的出现与发展（1999—）

代尔夫特理工大学一直以学生主导型课外实践活动而闻名。即使是在以学生主导型实践活动为传统的诸所荷兰大学当中，代尔夫特理工大学依然能够凭借其"生动文化"脱颖而出。该校的学生主导型实践活动类目繁多，包括具有社会意义的俱乐部、学生会和每个学院都有的一个"学习协会"等。例如，航空航天工程学院有95%的本科生和硕士生都是该学院学生主导的"研究协会"（study association）成员。从更广泛的国际视角来看，代尔夫特理工大学的俱乐部和社团具有独立于大学之外、学生投入时间量大的特点。每年，学校都会对相当数量的学生在俱乐部或在社会中完成的全职管理工作给予官方认定并提供资助。然而校方也表示，还有更多的学生参与到了没有获得学校正式认定的全职工作当中。在1999年或2000年前，这些课外实践活动很少强调对工程技术的应用，大多数都局限于"业余俱乐部，比如摩托车与汽车修理等"。

这种情况在1999年发生了变化，当时有一个由硕士生组成的小队立下了赢得世界太阳能挑战赛（World Solar Challenge）①的目标。他们从零开始，花了两年时间设计并制造出一辆世界级的太阳能汽车。代尔夫特理工大学的受访者们谈道：

"一开始，没有人相信这些学生们能够成功。学生跟我们说，'我们要去参加并赢得太阳能挑战赛'。当时，（参加）比赛的队伍都来自像通用汽车、本田之类的大公司。大家都认为他们'疯了'。他们没有获得任何支持。他们没有制造汽车的场所，没有钱，没有任何东西。"

在一位曾是宇航员的学校教授的支持下，这些学生很快联系到了后续对他们这支初创团队进行赞助的公司。学生们在"没有得到（学校）董事会任何正式许可"的情况下，占用了校内"一座旧楼的地下室"。很快，一支于1998年成立、由该校硕士生组成的学生方程式赛车（Formula Student）团队加入了他们。

2001年，关注这批学生动态的校内外人士惊讶地发现，这支名为"努恩太阳能队（Nuon Solar Team）"②的九名成员赢得了世界太阳能挑战赛。这项比赛为两年一届，该团队在随后的2003年和2005年连续两次赢得比赛。受访者们指出，这支队伍获得的成绩被荷兰国家媒体报道：

"这让代尔夫特理工大学的知名度大幅提高。这一成功带来了巨大的衍生效应……这成为影响（潜在的）生源决定报考该校的一个关键点，许多学生开始选择到代尔夫特理工大学学习。"

在这整一个阶段当中，由该校学生主导建立的三个团队分别为努恩太阳能队（Nuon Solar Team）、学生方程式赛车（Formula Student）③团队和代尔夫特水上自行车技术团队（Delft Water Bike Technology）④。三个团队的运营相对独立，分头为制造自己的交通工具寻找场地。这三个团队多年来在校内各个空余场地之间辗转，这种境况一直到2007年终于结束了，他们在土木工程与地球科学学院的一个车间场地稳定下来。在学院一些主要教师的大力游说下，学院同意将这处空间作为这些学生团队的永久场地，并于2009年将该场地更名为"梦想礼堂"（Dream Hall）。这三支队伍一并被称为"梦之队"（Dream Teams），代表超级先进机器的梦想的实现（Dream Realisation of Extremely Advanced Machine），简称"D: Dream"。旨在"给学生提供一个能够实现他们'疯狂'想法的地方"，这是一个

---

① 世界太阳能挑战赛，https://www.worldsolarchallenge.org
② 努恩太阳能队，http://www.nuonsolarteam.nl/?lang=en
③ 学生方程式赛车队，https://www.fsteamdelft.nl
④ 代尔夫特水上自行车技术团队现已解散。

以学生团队为单位的环境空间。

虽然"梦想礼堂"为代尔夫特理工大学"所有"，但学生团队依旧独立于学校开展活动。

据了解，"梦想礼堂"的建立对整个学校学生团队的比照统一性建设和团队知名度建设都产生了巨大的影响。很快，许多新的学生小组开始迁入这个场地，其中大部分学生是校内在读的本科生。这一切激发了学生们的雄心壮志，他们的目标远远超越了人们对大学本科生和硕士生的期望。例如，成立于2010年的人力车（Human Power Team）团队的目标，就是要打破人力车最高时速的世界纪录。这支车队经过第三轮的设计更新，在2013年将一辆躺骑式自行车的最高速度达到了每小时134公里，打破了世界纪录。而另一支代尔夫特航空航天火箭工程团队（Delft Aerospace Rocket Engineering team，简称DARE），给自己立下的目标是成为首个触抵太空的学生团队，该团队现已打破了欧洲学生团队创下的高度纪录。虽然"内部自治"仍然是这些学生团队的核心特征，但从2013年开始，学校开始为入驻"梦想礼堂"的学生团队提供更为正规的投入和支持。学校每年投入经费总计约150万欧元，同时还提供了整个建筑及其附属空间、一个全职的楼宇管理负责人、多个学生助理岗位，并开展了有利于这些学生团队发展的讲习班组织工作。每年年初，学校会开展为期两周的"菁英"计划，该计划是学生团队讲习班的一个组成部分，旨在给学生团队提供从财务管理到流体力学等多个专题的指导和培训。学校给学生团队提供的各种支持还得到了外部企业的赞助，企业给学生团队的赞助累计已达约合5～10万欧元。目前，入驻"梦想礼堂"的9支队伍，大约涉及400名学生。这些学生团队里的大部分成员都是本科生，其中大约1/4全职参与团队的项目。团队成员的工作量非常大，全职的团队成员通常每周花在团队项目上的时间将近为80小时，而其他"兼职"的学生通常每周至少要投入10～15小时。

"梦之队"们取得了非凡的成功。来自校外的受访者指出，努恩太阳能队和学生方程式赛车队等学生团队通过"年复一年地在这些国际比赛中获得冠军"，给学校和该校的学生团队取得了声誉。许多学生团队专注于开展可以促进社会发展或有助于环保的项目，例如制造可提升截瘫病人移动能力的外骨骼和海洋塑料的清洁系统等。这种服务社会的定位反映了代尔夫特理工大学所具备的强大价值基础和深厚大学文化，为荷兰和更广泛的社会福祉做出了贡献。

"梦之队"们之所以能在国际学生团队中脱颖而出，主要有三个因素。

第一个成功因素在于"梦之队"一贯注重更新，而非演进式发展。大部分学生团队都以12个月为一个工作周期，每年新进的团队成员中有85%的人会带着一项全新的设计加入团队。"梦之队"的校友咨询小组会根据学生团队的需求提供相关的建议，并每年推选出可提供全职咨询的"核心"成员，实现对"梦之队"服务的连续性，确保"核心"成员可以从以往的咨询服务中汲取经验。

第二个成功因素在于其高水平的创造力和团队的雄心抱负。受访者们提供的反馈信息表明，这一点得益于那些早期的学生团队所取得的巨大成功，这让每个学生团队都希望"超越"他们之前的那些团队。用一位受访者的话说，"学生团队会有一种类似'部落'的心态。这种心态不仅体现在他们与其他国家学生团队的竞争中，也存在于代尔夫特理工大学的各个学生团队之间。你还会想比去年的本团队成员做得更好，你会想做到最好"。

第三个成功因素在于学生团队的内在动力和主动参与。许多受访者将这些特质归因于学生在管理和实施这些项目计划时的自主权：

"这全部都是由学生们自己决定的。你不会因为参与这些活动而获得学分绩点，不会有教授们监督你活动的开展情况。是学生们自己，为了做成一件他们认为比自己更重要的事情而一起努力，所以他们的努力都是自己的内在动机。源于自身内在的动力会让你取得最终的胜利，这让一切都变得不同凡响。"

许多人还对学校支持而不是管理这些学生团队的"放手"做法给予了称赞，"学校相信学生、信任学生，并且给了学生发展的空间"。之后，代尔夫特理工大学将着手为"梦之队"们开辟第二个空间，以满足更多新学生团队入驻"梦想礼堂"的需求。

E.3　代尔夫特理工大学的教育方式

与附录B至附录D中其他三所学校不同，代尔夫特理工大学并没有为该校工程教育体系制定出一种统一的标准模式。相反，该校的工程课程计划具有多样化的特征。该校的17个本科生课程计划和33个硕士生课程计划在设计和实施上都具有相对的独立性，课程设计和教学方法也存在着很大的差异。但是，这些课程计划也有一些共同的特征。

来自该校内外的所有受访者都被要求阐明代尔夫特理工大学教育方式所具有的差异性特征。受访者们强调了四个特征。前两个特征都是该校工程教育中早已为众人所知的特质，第三个特征和第四个特征则说明了该校拥抱变革，并利用变革确保学校始终处于教育创新前沿的能力。

·**扎实的学科基础知识**：所有受访者都强调了该校工程技术教育的严谨性，所有学生在毕业时都具备了"扎实的数学、力学和工程科学基础"。

·**对工程、科学和设计的整合**：所有课程计划都融入了工程、科学和设计，但每个课程计划中工程、科学和设计的比重则根据学科特点各不相同。

·**有雄心抱负的学生创新和实践学习文化**：学校的文化对培养学生群体的雄心抱负和领导力具有促进作用，通过给学生提供许多意义非凡的机会，使学生能够将所学知识应用于解决实际工程问题。这些实践活动大部分是由学生主导发起并开展的课外实践活动，学生团队的运营相对独立于学校管理。

·**开创性的混合学习和在线学习方式**：许多受访者指出，近年来该校提供在线学习的能力不断增强，给学生在校内和校外的学习都产生了积极的影响。

表8给出了代尔夫特理工大学教育方法和支持系统的主要特点。表格中数据来自对该校本科生课程计划相关人员的访谈内容。

表8　代尔夫特理工大学教育方法和支持系统的主要特点

教育特点	具体内容
招生选择标准	从历史的角度看，代尔夫特理工大学一直遵循荷兰政府的政策，在招收本科生时没有设置生源的选择门槛。在仅有中学文凭但报考了该校的生源中，该校录取了其中20%的学生。报考人数超出招生总数的课程计划，则会根据国家的加权随机系统对报考学生进行分配。然而自2016年以来，一些报考人数骤升的课程计划开始尝试获得政府的许可，允许其制定推出自己的招生标准。代尔夫特理工大学航空航天工程学院是该校首批设置与实施自主招生标准的学院之一。在这个新的体系之下，未来学生想要考进这所学院，需要经历四个阶段的选拔过程，包括完成航空工程导论的微慕课学习、大学学习动机评估的测试、数学考试和物理考试以及航空工程作业任务。

续表

教育特点	具体内容
课程灵活性与学生选课	受访者表示，除了大三的辅修课程外，学生在本科阶段的课程选择很有限，"学生都按统一的课表上课"。在硕士阶段明确各自的专业子学科后，学生通常会有更多的课程选择。学校还在对引入"组合课程"的可行性进行讨论，目的是让硕士生能够专攻他们感兴趣的特定领域。
跨学科的工作机会	在本科生和硕士生阶段，除了辅修课或硕士生的选修课之外，很少有课程会给学生提供与其他学科领域的人一起工作的机会。学生们绝大多数的跨学科体验，是通过学生主导的俱乐部和社团开展的课外实践活动获得的。
教学方式	受访者们表示，各学院的教学实践有很大差异，有些采用以教师为中心、理论驱动的教学方式，而其他一些则在整个课程中采用以学生为中心的主动学习方式。例如，工业设计工程学院有超过50%的课程都是基于项目开展的。
教学和学习支持	2017年9月，代尔夫特理工大学正式启用教学学院。一位受访者将教育学院描述为一个"提供教学和学习支持的一站式服务超市"，汇集了由进修学院和OC聚焦中心（最初成立于2007年的学校教学支持中心）提供的各种服务功能。 这所新的教学学院将提供： •专业发展课程、研讨会和UTQ（大学教学资格）培训； •为在线课程和校内课程的开发提供"实践"支持； •为在线教学创新和校内教学创新提供一对一的支持。
奖励和表彰教学	受访者一致反馈，代尔夫特理工大学的教师聘任和职称晋升"几乎完全基于一个人的科研业绩情况"。但该校为"杰出的年轻研究人员"提供了一个迈向正教授职称的特殊途径。近期的一批获得职称晋升的人员就是在综合考虑了其研究和教学两个方面的优秀业绩后被评聘的。该校最近推出了教学创新奖和教学奖教金（Teaching Fellowship）计划，获奖教师将获得每两年5万欧元基于实证的创新教学支持经费。
教育研究活动	该校没有正式的工程教育研究小组或中心。目前，大多数的教育研究是由教师个体通过与4TU或LDE的合作进行的。随着教学学院的成立，该校的教育研究基地也将不断发展。
课外实践机会	课外活动在该校学生的学习中起着至关重要的作用。超过一半的学生参加了1个以上（含1个）的俱乐部或社团。虽然一些俱乐部和社团专注于社会性的实践活动或者对体育和其他方面的追求，但它们还是将很大一部分重点放在了科学、工程及两者在社会中的应用上。俱乐部的一个主要特点在于，它们独立于学校管理，俱乐部的运营几乎没有受到任何监管或者来自学校教师的指导。

E.4 课程设计

代尔夫特理工大学的教育是基于博洛尼亚宣言中的"3+2模式"构建的，这种模式包含三年的本科生课程计划以及两年的硕士生课程计划。大一不设置通识课程，学生们从一开始就直接专攻他们所选的工程学科专业。

除了本科生课程计划中的辅修课①和硕士生课程计划中的选修课之外，该校的本科课程和硕士课程之间的共性十分有限。正如一位教学带头人所指出的，"这项政策没有包含基础性的课程体系结构。但我们也不想强制要求各个学院去建立这样一个结构"。为了用一个样例课程展现代尔夫特理工大学案例研究的目的，研究要求受访者们给出他们心目中这所学校工程教育课程的最佳典范。该校内外的受访者们一致推荐了航空航天工程，工业设计工程，建筑、城市规划与建筑科学三个课程计划。三个课程计划中，有一个被选为该校课程设计模式的案例。因此本节将会重点介绍航空航天工程的本科生和硕士生课程，其课程大纲如图16所示。

航空航天工程学院拥有1400名本科生、1200名硕士生和70名全职教师。本科生和硕士生课程均以英语授课，在录取的硕士生中，有44％的学生不是荷兰人。来自全校范围内的学生受访者将该学院的课程描述为"全校最难学、节奏最紧凑的课程"。与此同时，3：1的学生录取率使该学院的本科生课程计划成为该校报考竞争最激烈的专业。

该学院的本科生课程和硕士生课程都围绕培养"T形工程师"这个目标设计：

·本科阶段广泛的综合教育（代表"T"的水平横杠）——发展学生的基础知识、综合问题解决能力、设计能力和团队工作技能；

·硕士阶段深入的专业教育（代表"T"的纵向主干）——发展学生的专业知识和在专业领域中的研究技能。

学院的本科生课程计划采用基于项目的主动学习方式，强调要让学生将习得的扎实学科知识应用于真实的工程问题。例如，本科生40％的上课交流时间被专

---

① 所有本科生从大三开始要修读一个学期的辅修课程。学生可以选择自己所在系开设的辅修课程（以加深他们的学科知识和技能），但学校鼓励学生选择校内其他院系、荷兰其他大学或者国外大学开设的辅修课程（以拓展他们的知识和技能）。

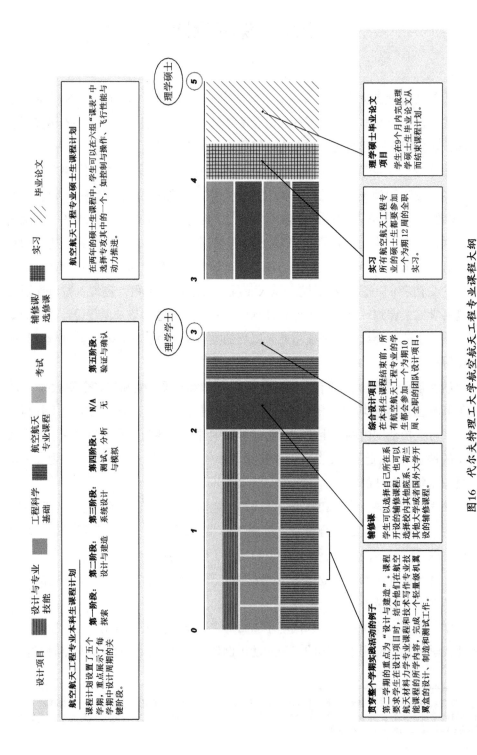

图16 代尔夫特理工大学航空航天工程专业课程大纲

门用于项目或实验室工作中。这种主动学习方式还反映在学院对学习空间的设计上。新的"团建大楼"（Fellowship Building）里没有阶梯式的演讲厅，而是包含了45个项目空间、两个视听教室和几个辅导室。这个课程计划的实施同样得到了大量教学助理的支持。对于单独的学士学位课程，该学院还专门聘请了15名全职助教。

E.4.1　航空航天工程本科生课程计划

在航空航天工程专业的本科生课程中，包含了三类比重相当的课程，这些课程在整个本科三年中同步开展。

·**航空航天设计项目**：包括每学期完成一个设计项目以及相关的专业技能课程（如口头汇报展示、技术科学写作）；

·**工程科学基础**：基础性课程，包括机械学、物理学和微积分等科目，这些课程越来越多地通过主动学习模式、混合学习模式开展；

·**航空航天工程与技术的专业课程**：航空航天理论课程，包括空气动力学、航空结构和航空材料等科目。

航空航天设计项目构成了整个课程体系的主干，其他课程围绕设计项目开展课程建设。每个学期，学生都要完成一个主要设计项目。各个相互衔接的设计项目相继把重点放在工程师实现新产品或新系统设计所需的关键步骤上：（1）探索，（2）概念设计，（3）系统设计，（4）分析与模拟和（5）合成与确认。在通过了本科阶段的学习之后，学生会面临越来越复杂的项目，这就要求学生团队提高自主学习的能力。学生在完成每个项目的过程中，都会从航空航天设计课程、专业技能课程的学习中得到支持。在开展最初三个设计项目时，会有一组学生助教为学生们进行辅导。这些学生助教由经过选拔和训练的本科大三学生和硕士生组成。有将近25位学生助教会对学生开展的每个项目进行监督和评分。

课程中的每个设计项目都对航空航天工程与技术专业课程中挑选出来的一些主题进行了整合、应用和探索。例如，第一学期的课程学习强调"探索"，当学期的设计项目指示中就提出了"为什么飞机有尾巴？"这个问题，要求学生设计并制造出一架没有尾部的飞机，然后在风洞中对飞机进行测试。学生在完成这个项目时，可以从航空航天工程导论和航空航天材料这两门课程中获得支持。同时，学生还可以通过参加技能培训班，学习相关技能和技术绘图。

本科生课程在学生完成一个为期10周的全职综合设计（Design Synthesis）项目后全部结束。顾名思义，该项目要求学生参与整个设计周期中各个阶段的工作，同时还要求学生将他们在本科各阶段所学的内容应用到这个项目中。每个学生团队由10名学生组成，不同的学生团队会收到不同的设计挑战任务。所有的综合设计项目都与实践密切相关。最近的综合设计项目的主题集中在飞行卫星建设、前往火星任务和飞机的创新概念设计。学生团队会在一个专门的项目建设空间里进行长达一学期的工作。在此期间，学院会组织开设包括口头汇报展示、系统工程和项目管理等领域的一整套专业发展讲习班和课程，给学生团队完成综合设计项目提供支持。

E.4.2　航空航天工程硕士生课程计划

航空航天工程硕士生课程计划为期两年。尽管在本科阶段，所有学生都按照相同的课程安排进行学习，但硕士生阶段，课程安排的灵活性增强，可供学生选择的课程增多。学生在进入硕士阶段学习时，会从学院提供的六种课程安排中选择他们自己的专业课程，这些课程包括航空飞行、航空航天结构与材料以及空气动力学与风能。这六种课程安排都具有相同的课程结构。每种课程安排都由相关的学院研究小组负责管理和实施。

第一年的学习包括四个部分：

· 学生所选专业课程安排的相关"核心"模块；

· 主题性"概论课"，使学生可以进一步加深对所学专业二级学科的学习，例如可以选择"空气动力学与风能"课程安排中的风能概论课；

· "选修课"，学生可以选择学院内部的选修课，也可以选择校内其他院系或者校外其他大学开设的选修课；

· 文献学习任务，为学生在第二学年完成理学硕士的论文项目做好准备。

航空航天工程专业有一门"司法工程"（Forensic Engineering）硕士生选修课。该选修课由荷兰安全委员会的一名航空安全高级调查员进行授课，旨在培养学生开展故障和性能问题的严格审查能力。课程包含八次讲座，通过这些讲座让学生熟悉航空事故调查的每一个步骤，开展实际案例分析，并要求学生完成两次团队实践任务，将所学知识应用于一场航空事故场景的分析中。

课程的期末考试会给各学生小组一个"飞机事故现场"，要求各小组在一个小时内完成事故调查，并在两周后每人提交一份实地调查报告。学院正在开发另一门"飞机建造"硕士生选修课。在这门为期20周的课程中，学生将会在一个飞机模拟制造厂内建造一架VAN RV12轻型飞机。

第二年的硕士生课程包括实习和硕士论文项目。为期12周的全职实习要求所有学生必须参加，目的是让学生获得真实专业环境中的沉浸式体验。学院每年累计有300～400名航空航天工程专业的学生参加实习，其中约80%的学生会去国外实习。整个学院投入了大量的人力资源与世界各地的航空公司建立关系，以支撑这项大型学生实习计划的顺利实施。每个学生在实习之前会先进行一次自我评估；到了实习中期，学生所在航空公司的主管会给出一份对学生实习期间表现的评估；实习结束后，学生会对实习期间学到的技术知识和专业知识进行自我反思，并提交一份总结。硕士生课程在学生完成理学硕士论文项目后结束，硕士论文项目既可以是深入的专业研究项目，也可以是学生所在学科专业领域的专业设计项目。

E.5　案例回顾与总结评论

代尔夫特理工大学是工程教育领域的十大"现任领导者"和十大"新兴领导者"之一。多种因素的共同作用给该校带来了良好的声誉，并使该校始终站在工程教育实践的最前沿。其中最关键的因素被受访者们称为"代尔夫特精神"。这是一种开放和包容的理念，它使整个大学共同体能够迸发出新的思想和创新性方式，不论是学生和老师，还是大学领导者和管理者。根植于整个荷兰社会的平等主义原则影响了这种理念的生成，受访者还介绍了代尔夫特理工大学是如何培育出了生生不息、具有创造力的环境。该校培养出来的学生质量充分证明了这种教育方式的成功。同样，学校的声誉不断提升，成为"全球工程教育思想领导者"之一，无疑受到了诸多因素的助推，如2014年首次发布、2016年再次修订的《世界瞬息万变下的工程教育》等具有影响力的文件。

除了平等主义文化之外，受访者还在反馈中提到，代尔夫特理工大学教育模式中的三个特点，使该校成为工程教育的"新兴领导者"。

·该校许多学院都建立了以设计为核心的教育方式，包括建筑与建筑环境学院、工业设计工程学院、航空航天工程学院等。每个学院都将扎实的基础学科知识与知识的情境化理解与应用机会相结合。

·推动了"梦之队"和学生主导型实践文化的创建。这一创举具有世界一流的质量和专业性。校内外的受访者都表明，这种文化在培养参与者的专业能力和提升该校在全球工程教育领域的声誉方面发挥着至关重要的作用。

·该校开放式在线学习的实力不断增强。访谈反馈表明，该校对开放式在线学习这一领域的投入和专业支持，促进了该校内部和全球学生群体的工程学习。

E.5.1 成功因素

代尔夫特理工大学教育的成功得益于三种机制。

第一，有力、开放且反应迅速的教育领导。大多数受访者谈到了该校教育领导中的通达性和高水平。用一句话来说：

"无论你是谁、在哪里，如果你有问题或想法，只需将它发送给（学校的教育副校长），你就会得到一个答复……你的问题将被认真对待，你的想法会得到认真倾听。"

代尔夫特理工大学的设计主导型课程、学生主导型实践活动和在线学习等教育方式，得到了国际的认可。该校随时随地为这些教育方式提供有针对性的支持。

在权力被分散下放的环境中，学校赋予了创新团队的负责人开拓创新的自由，使他们无需面对许多教学机构中普遍存在的结构和监管上的约束。

该校始终对这些创新团队不断变化的需求做出回应，并愿意在其发展的每个阶段给予声援、资助和支持。例如，尽管采取"放手"的方式支持所有"梦之队"的建设，但学校对这些学生团队发展的干预举措（例如将"梦想礼堂"作为项目开发和培训的场所）也至关重要。许多受访者还对该校在支持和建设开放式在线学习方面所做的努力和所处的领导地位进行了评论：

"整个学校一直全心全意地支持着这个项目。我们一直想成为在线教育的领导者。（学校的副校长）十多年来始终不断地表达这个观点。我们并不是跟风做出变化，而是根据新的教育管理思路进行改变。开放式在线学习对我们学校有益，也对国家有益。"

第二，将在线学习作为校内教育变革的工具。该校开放式在线教育的迅速成功，不仅丰富了学生的学习生活，似乎还对变革大学教育文化起到了鼓励和支持作用。学校不断将传统的教师主导型教学转向为以学生为中心的主动式学习。变革的推动者是参与代尔夫特理工大学慕课早期开发的教师群体。访谈反馈表明，这批具有开拓精神的教师当时就敏锐地意识到，他们正在开发的在线资料将会"亮相于世界舞台"，潜在的浏览者数量巨大。许多教师都希望能够创建出具有国际影响力的标志性教学材料。结果是这些教师认为，要特别激发出自己"创建最好的教学产品"的信念，于是，他们以"前所未有的方式"与教育设计原则打起了交道。在该校慕课设计与制作部门给予的有效、专业支持下，教师们开展的这项实证性教学实践得到了重大的推进。"我对他们所提供的支持感到惊喜……从未有过更好的体验。"在完成这些早期的慕课之后，这些教师开始在自己的课堂上试验实证性的主动学习技术。在这些教师中，有很多知名人物，还有一些相关领域中很有前途的学术带头人。因此，这些教学方法的创新很快在整个学校里引发了浪潮。访谈反馈表明，学校的这些变革经历提高了教育在学校的地位，更加广泛地转变了教师们对以学生为中心学习方式的看法。用某位受访者的话来说：

"慕课改变了人们看待教学的方式。以前，你可能会成为一名教育之星，但这只限于当地范围内。但现在面向的是整个世界……你所做的一些东西可以在课堂范围外进行展示。这可能会带来对你的指责，你很容易给自己闹出笑话来。所以你会想要得到帮助……帮助你真正思考你所教的内容。"

第三，支持水平扫描和建立共识的文化。该校有着深厚的公开辩论和合作的文化，提供了一个良性环境，使所有决策都产生于一致意见。"我们会一直保持这种作风。"学校的这种方式得到了大多数受访者的支持：

"我无法对一个所有事情都由校董事会决定的学校产生信任。这所大学由它的教师做主的做法，让人觉得非常珍贵。所以你必须提出你的观点。当支持变革的人，拿出了相应的证据，并向其他人展示出变革产生的效果，那么，变革就会发生。"

许多受访者指出，虽然这种协商审议的方法非常耗时，但它产生的决策会受到整个学校的信赖和尊重，"即便你不同意这一决定，但你至少信任决策的过程"。最近几年，共识构建方法已被用于水平扫描工作，以便对工程教育如何最佳地适应专业工程师角色变化的问题做出战略性审视。全球工程教育界正面对的问题和挑战中，有许多已经来到了这所学校的面前。同时，该校已经全校开展教育重点转变建成了一个有力的平台。很显然，该校正处在一个十字路口，随着未来几年学校教育愿景的不断推进，该校将开展更为彻底的变革。

E.5.2　面临的挑战

代尔夫特理工大学教育方式中有许多成功之处与该校权力分散下放的体制结构有关，该校面临的许多挑战也与此相关。该校各学院的课程计划（如工业设计工程课程计划）、"梦之队"和开放式在线学习的提供能力被受访者们一致推荐为该校最佳教育实践的三个典型，从创建开始就具有各自独立、互不相关的活动主线。事实上，来自校内外的许多受访者都将该大学称为"诸个列岛小国的集合体"，整个学校的教育模式"亮点分散"，各学院之间的教学水平和教育实践差异非常大。各学院课程计划之间的连通性似乎非常有限，而且除非国家政府有明令要求，学校基本不会强制对教师群体进行结构性的调整。

当前，这所大学正处在转折点。该校已经制定了一份学校愿景的声明草案，其中涵盖了大量教育变革的思想，包括赋予学生更大的灵活性和选择权、整合新兴的多学科和增强主动学习体验等。对于许多学院来说，这些提案要求其对教学方法和课程体系都进行重大的变革，转变以往以教师为中心的教学方式，改变以往本科课程几乎全部集中于讲授"不易记住的学科深度知识……与社会或商业相关的内容"这一情况。提案还要求开展跨学院的重大合作，并在全校范围内进行。这充分表明，要成功落实这些提案中的教育思想，只采取自下而上的改革是远远不够的。

要实现"愿景"文件中提出的改革目标，可能还需要学校对其文化做出一些改变。例如，一些受访者用"保守"来形容该校的教育文化——该校很少有讲师会主动加入校外的工程教育网络，进行教学研究或其他方面的教育实践的学习：

"代尔夫特理工大学的教师很少参加校外的教育会议、研讨会和活动，因此他们无法将一流的教育实践传播出去，也无法在全球所开展的教育工作中有所收获。"

该校所面临的另一个主要挑战是学校明显缺乏对教学的认可，校内外超过半数的受访者都强调了这一点。用一位受访者的话来说，"我们依然没有形成一种将教育与研究视为同等重要的文化"。许多受访者指出，这种情况限制了教师的职业发展机会，"给教师进行教育方面的额外投入带来了阻力"，从而限制了该校将其宏伟的课程改革提案落地的能力。

近期，一名教师通过该校的"重点培养对象"通道，凭借其在混合式教学和研究方面的业绩晋升为正教授。然而，访谈反馈材料表明，这种情况只是一个例外，大多数受访者认为该校在考虑职称晋升的人选时"只考虑候选人的研究水平"。同样，由于该校的讲师队伍是由各个研究中心组织管理的，这种分级管理的方式被描述为"由你所在研究团队的教授们对你进行管理……所以年度工作考核时只会谈论你研究目标的完成情况，几乎不会提及教学的情况"。也许出于这样的原因，访谈反馈指出，建立课程共享文化是该校面临的一个特殊挑战。在大多数情况下，会有1～2名教师负责每门课程的授课，几乎不会安排人去监督整个课程的其他情况。因此，有一些学院的课程被描述为"支离破碎、填塞过度"，课程之间的连贯性、整合度有限。

该校建立其新的教学学院、希望在教学中开展试点、发展学校的新愿景时，正面临着上文提到的这些挑战和一些其他挑战。然而，该校实施高质量工程教育的历史表明，代尔夫特理工大学有能力建立起学校主动参与教育变革的文化，保持学校在全球工程教育领域中的地位。

全球工程教育领导者名录

F.1 现任领导者（按推荐次数排列）

欧林工学院（美国）	Olin College of Engneering
麻省理工学院（美国）	MIT (Massachusetts Institute of Technology)
斯坦福大学（美国）	Stanford University
奥尔堡大学（丹麦）	Aalborg University
代尔夫特理工大学（荷兰）	TU Delft (Technische University Delft)
伦敦大学学院（英国）	UCL (University College London)
普渡大学（美国）	Purdue University
新加坡国立大学（新加坡）	NUS (National University Singapore)
剑桥大学（英国）	University of Cambridge
查尔姆斯理工大学（瑞典）	Chalmers University of Technology

F.2 新兴领导者（按推荐次数排列）

新加坡科技与设计大学（新加坡）	SUTD (Singapore University of Technology and Design)
欧林工学院（美国）	Olin College of Engneering
伦敦大学学院（英国）	UCL
智利天主教大学（智利）	PUC (Pontifical Catholic University of Chile)
明尼苏达州立大学曼卡托分校（铁矿工程项目）（美国）	IRE(Iron Range Engineering) Minnesota State University, Mankato
新加坡国立大学（新加坡）	NUS
代尔夫特理工大学（荷兰）	TU Delft
查尔斯特大学（澳大利亚）	Charles Sturt University
清华大学（中国）	Tsinghua University
亚利桑那州立大学（美国）	Arizona State University